EL ARTE DE TRANSITAR
cambios

EL ARTE DE TRANSITAR *cambios*

YELITZA BARRIOS

El arte de transitar cambios
Yelitza Barrios

Coordinación editorial: Erika Suárez
Edición: Yesmín Sánchez ceo@retoescritor.com
Fotografía: Vera Franceschi
Maquillaje Caroline Jones
Estilismo Silvia Di Nocco
Diseño: Ernesto Cova ejcova@gmail.com
Corrección ortotipográfica: Adriana Ramírez

Primera edición. Marzo de 2025

Copyright © 2024 por Yelitza Barrios

Ninguna parte de este libro puede ser utilizada o reproducida de ninguna manera sin un permiso por escrito, excepto en el caso de citas breves incorporadas en reseñas y artículos críticos en su totalidad.

Dedicatoria

A ti, que sostienes este libro entre tus manos, te dedico cada palabra, cada hilo de esta historia. Que encuentres en estas páginas un faro de luz en tu propio camino, un recordatorio de que la transformación es posible y que el arte de transitar los cambios reside en el amor propio y la valentía. Que este libro sea un abrazo cálido, un susurro de esperanza y un impulso para que desates los nudos que atan tu alma y despliegues tus alas hacia la libertad.

Agradecimientos

Mi corazón rebosa de gratitud al recordar cada paso de este viaje.

A mi amada madre, gracias por enseñarme el arte de tejer, una técnica que, sin saberlo, se convertiría en mi refugio, mi sanación y mi puente hacia el reencuentro con mi niña interior. Gracias por despertar en mí la creatividad y por permitirme ahora, a través de este libro, acompañar a otros en su propio proceso de transformación.

A mis hermanos, a mis hijos (Yamilet, Cristina, Eutimio Jr. y Jesús) y a toda mi familia, gracias por ser mi roca, por sostenerme en los momentos más oscuros y por celebrar conmigo cada destello de luz. Su amor incondicional ha sido mi mayor fortaleza.

A Yesmín, mi editora, y a Erika, mi coordinadora editorial, gracias por creer en mi historia, por pulir cada palabra y por dar vida a este sueño. Sin su dedicación y talento, este libro jamás habría visto la luz. Les estaré eternamente agradecida.

A Stephanie Essenfeld, quien a través de su programa para el establecimiento de límites me enseñó a manejar muchas situaciones que me han llevado a crecer.

A mi comunidad, mujeres que han creído en mí para acompañarlas en este camino de sanación.

Y a ti, lector, gracias por permitirme compartir mi viaje contigo. Que estas páginas te inspiren a tejer tu propia historia de sanación y transformación.

Quiero dar un agradecimiento muy especial a Miami Cordage por haberme permitido realizar esta hermosa sesión de fotos en sus espacios. El lugar fue verdaderamente mágico.

Prólogo

La vida es un constante proceso de cambio. Todo a nuestro alrededor está en transformación: la naturaleza, la sociedad, la tecnología y, por supuesto, nosotros mismos. Sin embargo, lo que determina la calidad de nuestra evolución no es el cambio en sí, sino la manera en que decidimos transitarlo. Nos enfrentamos a desafíos que nos sacuden, nos invitan a replantearnos lo que creíamos seguro y nos exigen una nueva versión de nosotros mismos. Y es precisamente en esos momentos de incertidumbre donde radica el mayor potencial de crecimiento.

Desde mi experiencia como líder y entrenador de mentalidad exponencial, he visto que el verdadero progreso no ocurre de manera lineal, sino en saltos cuánticos. No se trata de mejorar poco a poco, sino de dar pasos audaces, de asumir nuevas perspectivas y de transformar nuestra forma de interpretar la vida. La transformación no es un camino reservado para unos pocos; es una decisión consciente que cualquiera puede tomar cuando se permite soltar lo viejo y abrazar lo nuevo con valentía.

Este libro es un testimonio de ese proceso. A lo largo de sus páginas, Yelitza Barrios nos guía con sinceridad y profundidad por su propio viaje de transformación. Nos comparte con generosidad las lecciones que ha aprendido en su camino, revelando que el cambio no es algo que debamos temer, sino una puerta de entrada a nuestra mejor versión.

Uno de los principios fundamentales en Líderes Quánticos es la capacidad de reescribir nuestra historia. No somos prisioneros de nuestras circunstancias ni de nuestro pasado. Cada día es una oportunidad para elegir una nueva narrativa, para soltar creencias limitantes y para diseñar la vida que realmente queremos. Yelitza nos muestra, con su historia, que cuando abrazamos esta verdad, podemos convertir el dolor en propósito y las adversidades en trampolines para nuestro crecimiento.

Además, este libro resalta la importancia de dos elementos clave para una transformación real: la vulnerabilidad y la responsabilidad. La vulnerabilidad no es una debilidad, sino una fortaleza. Nos permite conectar con nosotros mismos, con los demás y con nuestra esencia más auténtica. Es el puente que nos lleva a la sanación y al aprendizaje profundo. La responsabilidad, por otro lado, es el acto de asumir el control de nuestra vida. No podemos esperar que las circunstancias externas cambien para sentirnos en paz; el cambio real ocurre cuando decidimos ser la causa y no el efecto de lo que nos sucede.

En un mundo que avanza a una velocidad exponencial, adaptarnos al cambio no es suficiente. Necesitamos dominar el arte de anticiparlo, de liderarlo y de utilizarlo como una ventaja. La mentalidad exponencial nos enseña que nuestras posibilidades no tienen límites, que podemos reinventarnos una y otra vez y que, cuando damos el salto hacia lo desconocido con fe y determinación, descubrimos un potencial que jamás imaginamos.

Leer este libro es más que una experiencia; es un llamado a la acción. Es una invitación a mirar nuestra vida con nuevos ojos, a soltar lo que ya no nos sirve y a tomar decisiones desde la confianza en nuestro poder personal. Si algo nos queda claro al recorrer estas páginas es que no hay transformación sin valentía y que, cuando estamos dispuestos a hacer el trabajo interno, el universo conspira a nuestro favor.

Te invito a sumergirte en estas historias, a dejarte tocar por la sabiduría que emana de ellas y a permitir que este libro sea un catalizador de tu propia transformación. Porque al final, como bien dice Yelitza, la vida no se trata de evitar los cambios, sino de aprender a transitarlos con amor, gratitud y propósito.

Bienvenido al inicio de un nuevo capítulo en tu vida.

Alexander Quintero
Coach de mentalidad exponencial
Fundador de Líderes Quánticos

Contenido

Dedicatoria 7

Agradecimientos 9

Prólogo 11

Primera cápsula
El tejido de la vida 17
    Herramientas 29
    El amor incondicional es el destino 32

Segunda cápsula
El amor propio 35
    Herramientas 46
    El amor propio es un milagro 48

Tercera cápsula
El arte como herramienta de sanación 53
    Herramientas 64
    La creatividad como expresión del amor y los milagros 66

Cuarta cápsula
La transformación 69
    Herramientas 80
    La transformación espiritual 82

Quinta cápsula

El poder del perdón **85**

Herramientas 97

El poder transformador del perdón 99

Sexta cápsula

¿Cómo transformar tu vida con gratitud? **103**

Herramientas.. 116

La gratitud es la clave para la paz interior y el amor puro............ 118

Séptima cápsula

Mi relación con la abundancia **121**

Herramientas.. 131

La abundancia como expresión natural del amor 134

Primera cápsula

El tejido de la vida

«Cuando ya no podemos cambiar una situación, tenemos el desafío de cambiarnos a nosotros mismos».

VIKTOR FRANKL

La vida es un tejido complejo y hermoso, entrelazado con hilos de diferentes colores y texturas que se fusionan para crear una pieza única. Cada filamento representa una experiencia, una alegría o un desafío, y todos se unen para formar el hilo de la vida que nos conecta a todos. Este tejido de la vida está en constante evolución. Incluso, si algunos de sus hilos se rompen, siempre podemos volver a tejerlos, ya que el tejido se transforma constantemente.

Esto nos recuerda que todos estamos interconectados y que somos parte de algo más grande que nosotros mismos. Aunque a veces no entendamos completamente la dirección de nuestro tejido, siempre encontraremos un camino.

En general, estos procesos de transformación están en todas partes. A mí, en lo particular, me encanta ver cómo estos procesos nos permiten crecer y evolucionar como individuos, y nos ayudan a adaptarnos a un mundo cambiante.

Es tan bello mostrar la vulnerabilidad, como una flor que se abre en un acto de belleza y fragilidad… aceptar que vine de procesos muy duros, de sentirme tan vacía, de haberme querido extinguir del universo, de no hallarle el sentido a mi vida, y ahora poder abrazar cada uno de los procesos con total agradecimiento desde el amor.

No soy perfecta, he aprendido a transitar e integrar mis sombras: lo vivido me ha mostrado el lado más efímero del ser humano. Aprendiendo a vivir desde el amor, el dolor se tornó diferente. No estar atada a un sentimiento de víctima fue liberador, porque más que hacernos daño, están allí como esa proyección de nuestro comienzo a un proceso de sanación. Ahora solo quiero vivir libremente y sin cuestionamientos; tengo un alma en paz y en constante transformación.

Mi tejido de vida, al igual que el tuyo, ha atravesado cambios retadores y giros sorprendentes a los que les agradezco ser la mujer fuerte, segura y determinada en la que me he convertido. Mirar a través de mi retrovisor dejó de ser una agonía, para convertirse en un hermoso propósito que el universo puso en este viaje.

De niña, la infancia me arropó con su magia, crecí en un hogar repleto de hermanos, amor y mucha creatividad. De mi madre heredé sus habilidades manuales. Ella se esmeraba en crear y diseñar con cariño cada atuendo que lucirían sus nueve hijos durante las tan esperadas vacaciones de Semana Santa.

Ir a la playa era el mejor momento del año. Nuestra casa a orillas del Caribe estaba envuelta de amor. La recuerdo como un verdadero paraíso con vista al mar y un relajante olor del agua salada, llenándome de la magia y la energía que allí habitaba, y viendo lo infinito e ilimitado de ese hermoso paisaje.

Todavía escucho y siento su sonido, sus enormes olas; una melodía que me llevó siempre a sentir una paz inexplicable en mí me hacía sentir libre. Estaba llena de gente, alegría, canciones y fogatas, donde papá y mamá hacían todo lo posible para que nuestras vacaciones fueran inolvidables y, realmente, así lo fueron.

De ahí mi amor por el mar, y mi lugar favorito. Me conecta con mi niña interna y con ese momento de paz en el que puedo olvidarme de todo, relajarme y dejar que mis pensamientos fluyan. Un lugar donde puedo ser yo misma y dejarme llevar sin importar nada más.

Para muchas cosas fui precoz. A mis 6 años descubrí mi pasión por las manualidades, especialmente el tejido, al igual que mi madre. Amaba tejer con ella, conectarme con los hilos y pasar horas anudando colgantes como una forma de expresión, una forma de crear.

A mis 13 años comencé a leer el libro azul de **Connie Méndez**. Honestamente, no entendía por qué la metafísica llamaba mi atención. Era un viaje a un mundo desconocido, lleno de misterio y asombro, que me llevaba a explorar las preguntas más profundas a tan corta edad. Incluso, tropecé con otros autores de metafísica, como **Wayne Dyer** y su libro *Tus zonas erróneas*. Esto pasó gracias a mi hermano Tico, que le encantaba leerlos.

Pero ¿por qué leía metafísica desde niña?, *¿por qué este tema espiritual me viene ahondando en la cabeza?* Solía esconderme para meditar porque siempre buscaba dentro de mí las respuestas a tantas preguntas. Siempre encontraba en mi andar ciertas señales, como huellas en la arena, aunque era más fácil obviarlas y asumir que estaba loca (quizás por mera ignorancia). Ahora comprendo que era mi esencia y que este tejido de vida solo busca transformarse.

El colegio fue otra etapa trascendental en mi vida, en la que a diario confirmaba mi pasión por el arte y veía la belleza del mundo con diferentes perspectivas. No fui la mejor estudiante. La timidez e inseguridad se apoderaban de mí, mientras que la pintura, el baile y hasta el dibujo me coqueteaban y daban pie a que conectara con mis emociones.

Todavía recuerdo que mis compañeros decían que yo no era *cool* como ellos. Para el grupo era un poco *nerd*, aun cuando *se reían mucho de los chistes* que nunca entendían; me amaban así como soy. La razón era porque yo siempre veía la vida de manera bonita, desde otra perspectiva, al igual que un viaje que tiene altibajos, pero que también es una experiencia valiosa. Hoy por hoy me doy cuenta de que el universo ha estado allí proporcionándome señales. Dios ha estado muy presente impregnando mi vida.

Al culminar el colegio, rápidamente comencé a trabajar. No encontraba pasión en ninguna carrera universitaria. Era un viaje que no quería emprender, miedos, inseguridades, identidad, no sé. Mi tejido se entrelazaba con el arte, mientras que mi entorno, injustamente, o quizás por desconocimiento, coartaba mis sueños al asegurar que los artistas se morían de hambre.

Las creencias limitantes y el miedo me arrebataban los sueños desde niña, como gríngolas que me impedían ver el mundo que me rodeaba. Por suerte, mi hermana tenía una tienda de muebles, y como yo amaba la decoración, al llegar la Navidad decoraba los árboles con ella y sus amigas. Fue así como me convertí oficialmente en la encargada de hacer los lazos navideños.

Mi vida trascurría en perfecto equilibrio hasta que un buen día mi destino se cruzó con un fantástico maestro de vida: el padre de mis hijos.

Todo empezó en una tarde cálida, como un encuentro casual. Solo hizo falta tres citas para tener una conexión y atracción. Él, esa relación soñada, un amor bonito de esos que te sacuden hasta el alma, lo que lo llevó a convertirse en el padre de mis cinco hijos. Sin embargo, mi inmadurez, mi corta edad e inexperiencia en estos temas del amor me impidieron darme cuenta de que esto se tornaba mal desde el principio.

Ambos teníamos conceptos distintos del amor. Si bien los dos proveníamos de familias latinas y nos criamos en hogares machistas, notaba que en el caso de la familia de él estaban más arraigados a las creencias de superioridad y el derecho de ser infiel tan solo por ser hombre, al tiempo que en mi casa el machismo era más un tema de ignorancia y de protección. Las mujeres eran de la casa porque se les debía cuidar del qué dirán, sin irrespetarlas, lastimarlas o humillarlas, ya que el amor forjaba los cimientos de mi familia.

Con tan solo 19 años no se me permitía salir a menudo, lo que era perfecto para él, pues me visitaba cuando quería. Esto hacía que disfrutara de una libertad sin límites, y eso para mí estaba bien. Muchas de las circunstancias, lejos de ser acontecimientos, eran un continuo aprendizaje en mi vida. Mi madre hablaba poco de la vida y sus retos, y yo, con muchos puntos en contra, como creencias, desconocimiento, inseguridad y timidez, lidiaba con un novio bastante experimentado.

Nuestra diferencia de edad no era mucha: él tenía 24 años, pero mis ingenuos 19 no se asemejaban a lo que es una muchacha actualmente. Jamás había conversado ni en el colegio ni en la casa con alguien sobre métodos anticonceptivos.

Al cumplir un año juntos, nuestros encuentros pasionales apuntaron a un nuevo viaje que cambiaría nuestras vidas. Una falta de menstruación me hizo visitar al médico. Tras un eco, se evidenció una vida en desarrollo y, sin saber qué hacer, la alternativa inmediata que encontró Andrés fue el aborto. En busca de apoyo, recurrí a mi madre, quien secundó la decisión, y mi única opción fue ejecutarla.

Por mucho tiempo, esta decisión empañó mi felicidad. Navegué entre el sentimiento de culpa, la desolación y la vergüenza, dado que una señorita no podía quedar en estado sin estar casada. Recuerdo que escuché sus latidos, solo tenía dos semanas, y, aunque la cirugía cumplió su cometido, la extracción fue inconclusa. Comencé con un fuerte malestar que me hizo regresar, pues quedaban restos del feto en el vientre, mientras que mi corazón se sentía vacío.

En esos momentos de tristeza recuerdo un árbol frondoso que habitaba en el patio de mi casa y que usualmente lo frecuentaba. Para mí, era como un amigo, al que podía acudir sin importar lo que pasara. El sonido del viento, al tropezar con las hojas, era una relajante melodía que hechizaba mis sentidos. A su lado, el tiempo se detenía y me ayudaba a desconectarme de la realidad. Me brindaba tranquilidad para volver a agarrar aire, respirar y continuar en la vida que estaba llevando.

Tras varios días de tristeza, un encuentro con unas amigas me permitió conversar de lo que había sucedido. A su vez, la sugerencia de las pastillas anticonceptivas no se hizo esperar.

Claramente, no tuve extremo cuidado en usarlas de forma debida, puesto que al año siguiente ese mismo malestar invadió mi cuerpo. Otra vez estaba embarazada, pero en esta oportunidad no dejé que otros decidieran por mí. Hice del embarazo mi mejor secreto como un tesoro escondido. De a ratos me encerraba en el baño cuando los malestares me atacaban, vomitaba a escondidas, dormía todo lo que podía y me repugnaban los olores fuertes.

En aquel momento, trabajaba envejeciendo muebles y, tras cada brochazo, me iba directo al baño a vomitar. Así transcurrieron mis primeros tres meses. En el séptimo mes, no aguantaba más. Necesitaba ir al médico, confirmar que mi bebé venía sana y feliz, pero me acechaba el miedo de que nuevamente me hicieran lo mismo. Con un sorbo de valentía se lo confesé a mi hermana, quien se mostró llena de felicidad.

Juntas analizábamos una y otra vez cómo darle la noticia a Andrés y al resto de la familia. Una tarde, conversando en la cocina, mi hermana le dijo —sin anestesia— que sería papá. Y, aunque la noticia le tomó por sorpresa, me dejó claro que él no sabía si se casaría conmigo. Mi silencio no fue por amarrarlo u obligarlo a contraer matrimonio; yo no quería volver a pasar por un aborto.

Tras recibir la noticia, él no volvió a casa durante un par de días. En su lugar, envió dinero para que, junto a mi hermana, pudiera ir al médico y asegurarnos de que todo marchaba en orden. Fue entonces cuando me dieron la maravillosa noticia de que estaba esperando una niña.

Fue un alivio saber que mi bebé se encontraba sana, pero lo que más me tranquilizó fue poder vivir mi embarazo sin tener que ocultarlo, aunque sentía mucha pena y culpa frente a mis padres por haber quedado embarazada sin casarme. Mi madre, una mujer muy dura y estricta debido a su crianza y creencias limitantes, nos hizo entender que el sexo fuera del matrimonio era malo, no era bien visto en hijas de buena familia. Muestra de ello es que echó de la casa a una de mis hermanas por encontrarle pastillas anticonceptivas.

Mi madre quedó embarazada de mí a los 43 años. Le daba vergüenza explicarles a mis hermanos mayores que todavía tenía sexo con papá; temía que la juzgaran. Ella nos brindó una excelente educación con las herramientas que tuvo a su alcance, pero fue tan estructurada, dura y pragmática con ella y con todos mis hermanos que me hizo sufrir mucho. Evidentemente, mi barriga no estaba en el deber ser. Fue una decepción para ella. Perdimos contacto por dos años hasta que nació mi segunda hija.

Afortunadamente, el amor ha sido tan fuerte que me ha llevado a transformar todas esas situaciones y dolor en enseñanza. Es una fuerza poderosa que ha transformado mi vida, avivando la luz ante tanta oscuridad y cambiando mi desesperación por esperanza.

Del mismo modo, la relación con el padre de mis hijos me ayudó a entender que eso que yo sentía por él no era amor, dado que realmente yo no me quería. Desesperadamente, buscaba crear un núcleo incondicional a su alrededor, darle lo más bonito y maravilloso de la vida a través de unos hijos hermosos.

Siempre soñé con ese amor incondicional, amor sin límites. Para ese momento no me daba cuenta de que estaba amando más de lo que me amaba a mí misma. Sin importarme, lo entregué todo.

Soñaba con un hogar que fuese su cobijo y un refugio seguros, una mesa rodeada de seres amados para compartir, una cama confortable para descansar y soñar juntos, así como unos oídos para escucharlo y ser su mejor desahogo. En cambio, nuestra realidad casi siempre era otra. De cara al mundo éramos la familia perfecta, pero cuando la puerta de la casa se cerraba, la tormenta del dolor y la frustración arrasaba con lo que encontraba a su paso.

Él me fue infiel, a pesar de mis constantes esfuerzos por entregarme en cuerpo y alma para que no buscara nada más fuera de casa. Por más que yo hiciera lo que hiciese, las infidelidades eran normales en su familia, era su crianza y cultura. No voy a negar que Andrés era un excelente proveedor; de algún modo, era su lenguaje de amor. Vacaciones, carros, universidades privadas y un sinfín de comodidades nos acompañaban siempre.

Pese a todo lo vivido, nunca he dejado de creer en el amor, en el romanticismo, en el amor que despeina, el que hace que hablemos bonito, que nos riamos a carcajadas y nos besemos apasionadamente. Todavía hay muchas cosas por sanar y caminos que transitar.

«La confianza en sí mismo es el primer secreto del éxito».

Ralph Waldo Emerson

Herramientas

He pasado por una serie de experiencias profundas y transformadoras a lo largo de mi vida y de este relato. He explorado batallas, desafíos y crecimiento personal. Encontrar la fuerza para superar situaciones difíciles y aprender de ellas es mi testimonio de resiliencia. El amor, la maternidad y la búsqueda de la autenticidad son temas que he abordado en mi historia. También seguir creyendo en el amor y en mi capacidad para sanar, mostrar que contamos con la fuerza interna para superar obstáculos y continuar adelante.

Te invito a aplicar estas herramientas que serán de gran utilidad al transitar cambios y momentos retadores.

1. **Desarrollo de la resiliencia**: trabaja en desarrollar habilidades de resiliencia, como la capacidad para adaptarte y recuperarte de las adversidades a través de la autorreflexión y el aprendizaje de experiencias pasadas.

2. **Práctica de la autocompasión**: sé amable contigo mismo y reconoce que es normal enfrentar dificultades. La autocompasión puede ayudarte a superar la crítica a ti mismo y el desánimo.

3. **Hallazgo de un propósito**: identifica y enfócate en tus valores y propósitos personales. Tener un propósito claro puede proporcionarte dirección y motivación durante tiempos difíciles.

4. **Empleo de técnicas de respiración y relajación**: practica técnicas de respiración profunda y relajación para reducir la ansiedad y el estrés.

5. **Realización de lectura inspiradora**: lee libros, citas o artículos que te inspiren y te motiven a seguir adelante. La sabiduría de otros puede ofrecerte perspectivas y ánimo.
6. **Realización de ejercicio físico**: mantén una rutina de ejercicio regular para mejorar tu estado de ánimo y bienestar general. El ejercicio puede liberar endorfinas que te ayuden a sentirte mejor.
7. **Reconocimiento de los logros**: celebra tus pequeños y grandes logros, incluso los más simples. Reconocer tus éxitos puede aumentar tu confianza y motivación.
8. **Práctica de la aceptación**: acepta la situación tal como es y reconoce lo que está fuera de tu control. La aceptación puede contribuir a que encuentres paz y a concentrarte en lo que puedes cambiar.

A continuación, me complace compartir contigo un fragmento de *Un curso de milagros*, un texto que ha transformado profundamente mi visión del mundo desde el momento en que llegó a mi vida. En este material, el autor fomenta la transformación de la mente y la percepción, lo que conduce a una profunda curación física y emocional. Esta práctica espiritual nos ofrece la oportunidad de establecer una conexión más profunda con lo divino o con la conciencia universal. Es crucial enfocar nuestra atención en nuestro mundo interior en lugar de en nuestro entorno. Al conectar con nuestro ser superior, experimentamos un cambio en la percepción que nos lleva a dejar atrás viejos pensamientos y limitaciones, y abrazar nuevas creencias. Estas nuevas creencias transforman nuestra historia personal y nos conducen a una profunda curación tanto física como emocional.

He integrado pequeños fragmentos del libro al final de cada cápsula para enriquecer aún más las herramientas y la experiencia.

El amor incondicional es el destino

«La vida es un camino de aprendizaje, un viaje espiritual. Cada experiencia, incluso las más desafiantes, nos guía hacia la realización de nuestro propósito y el despertar de nuestra verdadera esencia. Confía en el proceso y abraza cada paso, porque todo tiene un propósito en este hermoso viaje. Aunque no siempre entendemos por qué suceden ciertas cosas, podemos confiar en que el universo tiene un plan para nosotros, y cada paso en nuestro camino nos lleva más cerca de la realización espiritual y el amor incondicional».

Fragmento extraído de *Un curso de milagros*, publicado por Kenneth Wapnick.

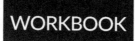

¡Ahora es tu turno! Te invitamos a completar el siguiente espacio para poner en práctica las herramientas que has aprendido en esta cápsula. En estas líneas podrás profundizar en los conceptos clave y aplicarlos a tu vida diaria, para, así, transformar el conocimiento en acción. ¡Es momento de dar el siguiente paso y ver los resultados!

NOTAS

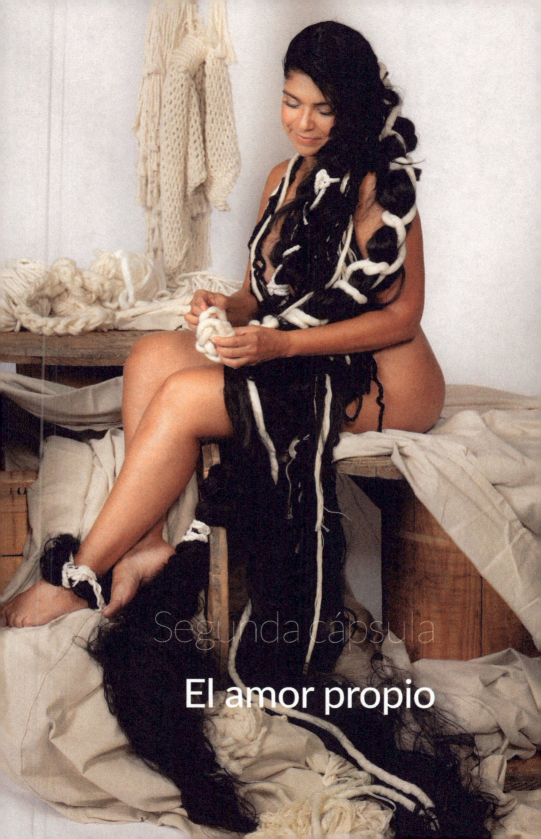

«El amor propio no es egoísta; es la clave para vivir una vida plena».

DIANE VON FÜRSTENBERG

El amor propio o autoestima es el aprecio y valor que tenemos hacia nosotros mismos. Es fundamental para mantener relaciones sanas.

En casa, aunque fuimos una familia muy amada y unida, no había influencias que nos permitieran reforzar una identidad segura. Logros y aceptación personal, reconocimiento, apoyo y autocuidado eran factores que no estuvieron presentes.

La comunicación y las conversaciones diarias como núcleo familiar de situaciones cotidianas no existían, todo era un tabú, nada se conversaba y todo era prohibido o malo. Así fueron criados mis padres y sé que ellos hicieron lo mejor que pudieron con las herramientas que poseían. Valores y principios nunca faltaron en casa y, aunque había mucho amor, no existía el respeto a las decisiones. Había críticas y constantes comparaciones.

En mi caso, como hija menor, muy consentida, pero llena de miedos e inseguridades, me sentía siempre indefensa, no sabía cómo gestionar situaciones. Constantemente me decían qué hacer y cómo «eran las cosas». Yo solo me dejaba guiar.

Lo grave de esto fue que seguían pasando los años y no tuve retos ni situaciones de la edad para enfrentar. Por múltiples razones no fui quemando etapas en la adolescencia, debido a restricciones de mi madre que no me daba permiso para salir y tener la vida normal de adolescente. No exploré, ni se me habló de la vida y sus cambios, me hice muchas preguntas que quedaron sin respuestas y las situaciones de mi vida me iban mostrando cosas que no sabía cómo resolver.

Entonces, dado que lo que había aprendido era a dejarme guiar, seguía permitiendo que otros tomaran decisiones por mí. Aprendí en el camino y sin un refuerzo de identidad que me dejara saber o reconocer lo que era como individuo al dar y recibir en las relaciones personales que iba teniendo en el camino.

Para mí, era normal amar incondicionalmente a otra persona sin importar lo que sentía, sin tomar en cuenta algo tan crucial como los límites. Obviamente, no sabía poner límites porque nunca los hubo en casa. Había carácter para infundir miedo, pero partiendo de la autoridad porque se hacía lo que mis padres decían —era así y punto—, mas no para mostrarnos el respeto con base en los límites amorosos. Tampoco había derecho a preguntar o pedir una respuesta del porqué de sus decisiones. Solo había que acatarlas.

Por años escondí mis sentimientos. Me limitaba a no expresar mi vulnerabilidad, comenzando por mi madre. Prefería restarle importancia y no quedar como una persona frágil o débil. Aprendí que la vulnerabilidad era de débiles. Al pasar de los años y mucho trabajo interno, entendí que no era así.

Ser vulnerable es transitar el dolor o fracaso desde otro lugar, y es tan válido como transformador. Es vivirlo para convertirlo en algo mejor y ser más resilientes a medida que vamos andando en este camino llamado vida.

Yo nunca me puse de primero. Estaba para hacer lo que los demás querían, complacerlos y ser obediente. Desde niña, siempre me decían lo que tenía que hacer y lo que era mejor para mí. Incluso, en el colegio permitía que fuesen mis compañeras quienes tomaran las decisiones. Siempre aceptaba hacer cualquier plan, aun cuando yo no quisiera o no me gustase.

Recuerdo un momento de mi vida cuando Andrés me confesó que nunca había estado enamorado de mí. Admitió que tenía novia y que soñaba con casarse con ella, porque a diferencia de nuestra relación, a ella la había escogido por decisión propia y no por compromiso. Para ese momento sumábamos tres hijos y, sin saberlo, nuestro cuarto bebé venía en camino.

El universo trabaja en silencio, haciendo que ocurran cosas que no puedes creer hasta que las ves. Después de siete años de mi último embarazo y siguiendo las recomendaciones médicas, mi doctor me realizó una ligadura de trompas, para lo que cortó y cauterizó las trompas de Falopio, debido al gran riesgo de un nuevo embarazo. Sorprendentemente, formé parte de la estadística, ya que esto le sucede a una de cada mil mujeres. Honestamente, el porcentaje de que esto ocurra es muy bajo. Pero me tocó.

En ese momento, muchas dudas invadieron mi mente. Decidí permitir el dolor y la pena preguntándome: ¿por qué a mí? Sentí lo mismo que en mis primeros embarazos, tal como Andrés lo había anticipado. Para él, parecía que esto era una manera de retenerlo a mi lado, mientras que para mí era completamente lo contrario. Era una de esas situaciones con un destino preciso y perfecto, aunque yo no lo veía así; prefería sentirme nuevamente culpable y atrapada por la situación.

Más que agradecida, estaba asustada y desorientada. Finalmente, llegaba un nuevo embarazo que no me permitiría conquistarlo para evitar que me dejara. Otro embarazo que pasaba sola, al igual que las visitas médicas a las que solo contaba con la compañía de mi hermana, y en muchas otras ocasiones las hacía sola. Andrés solo cumplía el día de la cesárea para encargarse de los pagos pertinentes.

La soledad fue mi fiel compañera durante mucho tiempo. Las palabras hirientes de desvalorización y juicio hacia mí dolían más que cualquier otro tipo de maltrato. Estas críticas calaban en mi mente, y no sabía cómo silenciarlas, lo que hacía que el daño fuera cada vez mayor.

Por años jugué a ser la mujer perfecta, la mamá amorosa, la ama de casa ejemplar, pero eso nunca fue suficiente, al menos no para él. Muchas veces me cuestionaba si era una persona realmente valiosa para que Andrés se mantuviese a mi lado.

Ahora entiendo que la ausencia de amor propio no ayuda a que una relación sana perdure en el tiempo, así como tampoco podemos amar a otro si no nos amamos a nosotros mismos ni podremos ser libres si estamos presos de pensamientos y creencias limitantes. Yo misma me creía insuficiente, incapaz y no aceptada; sentía que tenía muy pocas cualidades para crear la vida que merecía.

No negaré que tuve momentos bellos, llenos de amor y felicidad, especialmente al ver el nacimiento de mis hijos, aunque mi poco amor propio me llevó a vivir y convertir mi matrimonio en una relación escasa de límites, respeto y paz.

Para mí no había amor propio. No concientizaba el hecho de que, si no me amaba, si no me respetaba y no tenía cotos, no podría llevar una vida completamente en paz. Al darlo todo y sin condición, iba a llegar un momento en que colapsaría, tal como finalmente sucedió.

Viví una lucha interna, resistiendo mentalmente a que esto nunca pasaría. Acepté el cuento, tal como todos me lo hacían ver, de que tenía todo para ser feliz: la familia perfecta junto a la persona que yo había escogido para ser el padre de mis hijos. Entonces, ¿cómo iba a romper ese núcleo familiar solo por mí? Era inaceptable acabar con todo solo por mi paz.

Lo que no entendía era que no se trataba solo de mí, sino de la salud de todos, y me tomó mucho tiempo comprenderlo y verlo de manera diferente. Era la salud mental de todos la que estaba siendo afectada. Una vez más fue esa intuición, que siempre me ha guiado, la que condujo mi camino.

La vida nos lleva a dejar de creer en el amor bonito, paciente, amable y comprensivo. Ese amor admirable, que se respeta, que es libre, que se transita despacio, que se disfruta y comparte por medio de detalles cotidianos, donde se habla de todo y se muestra transparente, sin miedo a ser juzgado.

Y, aunque nos resistimos, el universo nos presenta constantemente oportunidades para cambiar y transformar nuestras vidas porque, cuando logras apreciar los obstáculos o vicisitudes como desvíos milagrosos que te conducirán hacia un nuevo camino exitoso, dejas de resistirte.

De esta manera, te conectas con tu propósito y reorientas y transformas el rumbo de tu vida hacia algo nuevo y positivo. Es probable que este cambio no hubiera sido posible sin las experiencias desagradables que te impulsaron a un despertar profundo y a un crecimiento en medio de la incomodidad. Estas dificultades siempre estarán presentes para recordarnos que hay casos que debemos afrontar y superar.

Es aquí donde se conjuga el amor frente a cualquier obstáculo y nos ayuda a transformarlo en aleccionadoras experiencias de vida.

Mis desaciertos, mi doloroso aborto, los intentos fallidos por acabar con mi vida, los abusos, las vejaciones y otros tantos hechos que permití que sucedieran fueron necesarios para evidenciar que cualquier historia se puede modificar porque el amor siempre ha estado presente en mí para ayudarme a levantarme, para darme fortaleza y continuar brillando, incluso en mis días más oscuros.

Mi intuición, alimentada por ese amor, se mantuvo firme e inquebrantable, a pesar de esos días con desasosiego, en los que no percibía la salida. El milagro seguía apareciendo, y me arropaba la magia que me hacía continuar. Mi brújula descalibrada daba vueltas sin parar, pero siempre había algo más fuerte que me guiaba.

En medio de mi tormenta, muchas veces imploré pidiendo —«Dios, guía mi camino»—, y, aunque pensaba que esto no serviría de nada, sentía una fuerte presencia de amor que movía y redirigía mi vida. Muy dentro, en lo más profundo de mi ser, yo me encontraba fortalecida por esa niña soñadora que aún le quedaban sueños por cumplir.

Si nos entregamos a ese amor infinito que está dentro de cada uno de nosotros, encontraremos la verdadera brújula que nos guiará más allá de cualquier tropiezo, sin olvidar que nunca dejaremos de transformarnos porque siempre vamos a seguir en este continuo aprendizaje hasta la muerte.

Actualmente, hay muchas cosas que no son negociables para mí, como mi paz y mi tranquilidad. El tiempo es un gran maestro, te muestra que nadie te hace daño si tú no lo permites. Por años me sentí víctima, pero las circunstancias de la vida me han confirmado que nadie te hace nada, todos vienen aquí para mostrarte algo. Definitivamente, son una proyección de lo que estás sanando.

A veces trato de no resistirme en muchas cosas. Aún me encuentro en constante aprendizaje, pero he adquirido la habilidad de observar las circunstancias de otra manera, a fin de que mi transformación sea efectiva.

Cuando me divorcié, mucha gente se sorprendió. Para nuestro entorno fue asombroso presenciar que esa Yelitza, tranquila y sumisa, decidió un día tomar las riendas de su felicidad. Honestamente, tenía que vivir todos esos procesos, tenía que sentirme cada vez más miserable y sin aliento para poder tomar esa decisión.

Sin importar lo que otros opinen, sugieran o aconsejen, la magia fluye si estás convencido de escuchar esa voz interna, esa intuición, esa voz de Dios que yo siempre tuve presente, pero que nunca le hice caso. Hasta que un buen día decidí escuchar sin sabotearla y, aun cuando tenía bastante miedo, sabía que había mucho que hacer dentro de mí.

El deseo de ser feliz y libre era más fuerte que los desafíos a los que me enfrentaba, aunque todavía dudaba. ¿Cómo no iba a dudar si durante cuarenta y cuatro años permití que no hubiera límites ni respeto en mi vida? Afortunadamente, en los últimos siete años, durante los cuales he disfrutado de mi transformación, mis hijos han sido testigos de este cambio. De este modo, he podido ser un ejemplo de que no es necesario esperar tanto tiempo para evolucionar.

Por años sufrí complejos internos y externos; me cuestionaba todo. Sin embargo, hoy me veo en el espejo y digo: «¡Guau, nunca había visto lo linda, talentosa y valiosa que soy!». Ahora he dejado fluir a esa mujer sencilla, escondida, que por años estuvo atrapada dentro de mí. Antes era una mujer demasiado arreglada, siempre muy bien maquillada y sobre unos tacones altos, repletos de elegancia y seguridad.

En cambio, ahora soy auténtica, prefiero sentirme bien como soy. Me ha tomado tiempo, pero me quiero y me abrazo con mis estrías, con mis várices, con mis piernas, con mis caderas y mi pelo despeinado. Si me maquillo, lo hago para mí, ya no es un requisito para mostrarme ante los demás, ya que ahora me amo tal como soy y en todas mis facetas. Yo decidí crecer y creer en mí.

Por eso, te invito a que te ames tanto que encuentres en la soledad un espacio perfecto para disfrutar de tu propia compañía. No temas y busca en ella el mejor pretexto para cultivar tu felicidad sin importar los demás.

Ámate tanto que seas capaz de aceptarte tal y como eres, perdonándote a ti mismo para seguir adelante y construir tus sueños. Tu paz y tu felicidad no son negociables.

No olvides que el amor propio es un viaje, no un destino. Es un proceso lento que no se aprende enseguida: se alcanza con el descubrimiento de uno mismo y la aceptación.

«Tú puedes vivir una vida de milagros si aprendes a descubrir los milagros en las situaciones más difíciles de la vida».

ADRIANA CASTRO

Herramientas

Mostrar mi vulnerabilidad no ha sido fácil, tampoco tener la valentía de reconocer las luchas internas y los desafíos que atravesé a lo largo de los años. La transformación y la evolución que he vivido son ejemplos que te invitan a dejarte inspirar por cómo el amor propio puede ser una fuerza poderosa para el cambio y el crecimiento personal.

Amarse y cuidarse a uno mismo es esencial, a fin de construir relaciones saludables y encontrar la felicidad genuina. Te puedo decir que, a pesar de las adversidades, es posible llegar a un lugar de autenticidad y amor propio.

Te comparto estas herramientas para fortalecer el amor propio, con la esperanza de que te ayuden a descubrir y valorar tu verdadero ser. Al aplicar estas prácticas, puedes cultivar una relación más saludable y amorosa contigo mismo.

1. **Diario de autoafirmaciones**: escribe y repite afirmaciones positivas sobre ti mismo. Esto puede ayudarte a cambiar patrones de pensamiento negativos y reforzar tu imagen positiva.

2. **Práctica de la gratitud**: lleva un diario de gratitud en el que registres aspectos que aprecias de ti mismo y de tu vida. Fomentar el agradecimiento puede aumentar la autoestima y el amor propio.

3. **Establecimiento de límites saludables**: aprende a establecer y mantener límites claros con los demás. Proteger tu tiempo y energía es una forma importante de respetarte a ti mismo.

4. **Práctica del autocuidado regular**: dedica tiempo a actividades que te nutran y hagan sentir bien, como practicar deportes, leer, tomar baños relajantes o recibir masajes.

5. **Aceptación y apreciación de tus imperfecciones**: trabaja en aceptar tus imperfecciones y errores como parte natural del proceso de crecimiento. La autocompasión es clave para el amor propio.

6. **Desarrollo de una voz interna positiva**: trabaja en cambiar el diálogo interno negativo por uno más alentador y compasivo. Sé tu propio animador y crítico constructivo.

7. *Journaling* **reflexivo**: escribe sobre tus sentimientos, logros y desafíos. Reflexionar acerca de tu progreso personal puede contribuir a que reconozcas y valores tu crecimiento.

8. **Establecimiento de objetivos**: define metas que te inspiren y motiven. Alcanzar objetivos puede proporcionar un sentido de logro y fortalecer tu amor propio.

El amor propio es un milagro

«El amor propio se basa en una comprensión espiritual profunda. Implica la aceptación total de uno mismo, incluyendo imperfecciones, y se relaciona con la conexión con lo divino. La enseñanza enfatiza la necesidad de trascender el ego y usar el perdón como herramienta para liberarse de la culpa. Las prácticas espirituales, como la meditación y el perdón, son fundamentales para cultivar el amor propio. Este proceso de transformación personal se considera un 'milagro' que lleva a una mayor paz interior y sanación».

Fragmento extraído de *Un curso de milagros*, publicado por Kenneth Wapnick.

WORKBOOK

¡Ahora es tu turno! Te invitamos a completar el siguiente espacio para poner en práctica las herramientas que has aprendido en esta cápsula. En estas líneas podrás profundizar en los conceptos clave y aplicarlos a tu vida diaria, para, así, transformar el conocimiento en acción. ¡Es momento de dar el siguiente paso y ver los resultados!

NOTAS

NOTAS

«El arte nos libera de la vida diaria y nos permite ver nuestras vidas desde nuevas perspectivas».

ROLLO MAY

Para mí, el arte es una manera de expresar todo lo que siento. Es un espacio donde me refugio y transformo algo manual en emociones. A través del arte me transporto a un estado de meditación activa y de plenitud maravillosa.

El arte se ha convertido en un bálsamo que alivia mi alma. Por eso, me impulsa a motivar a otros a no quedarse con las ganas. Los animo a buscar actividades que les gusten o inspiren, que les permitan escapar de la realidad que están creando fuera.

Cuando hablamos de cualquier tema, a menudo se debe a que muchas personas, sin importar su edad, no han descubierto todavía su propósito o algo que realmente les apasione. Esto puede suceder simultáneamente con tu carrera o con lo que estás trabajando, ya que es lo que te guiará hacia el descubrimiento de ese propósito y te llevará por un camino de sanación y conexión contigo mismo. Además, te invita a escuchar ese silencio tan necesario porque estar alineado internamente te conecta con todas esas respuestas que no encuentras afuera.

La vida no es así como la vemos sumergidos en la tristeza; simplemente es el reflejo de lo que creamos en el interior. La vida no es dolor, culpa, sufrimiento o frustración. Por el contrario, es aprendizaje, oportunidades, evolución y conexión.

Cuando miro el pasado siento que en mi vida no hubo nada que yo, como ser humano, hiciera por mí misma. Algo que reforzara mi seguridad, de ser, o de pertenecer, algo que me representara, o con lo que me identificase. Por años la frustración me hacía sentir en un camino sin rumbo por no haberme dedicado a hacer algo que me apasionara.

Aunque, sinceramente, yo no estaba en la búsqueda, ya que en ese momento de mi vida me sentía completamente perdida y creía que cualquier esfuerzo que hiciera no cambiaría nada. En ese tiempo, el arte o cualquier otra actividad parecía algo absurdo que no me ayudaría a encontrarme a mí misma o descubrir mi pasión. Es decir, subestimaba la búsqueda, pensando que era algo absurdo y que no obtendría resultados.

¿Qué sucede? Es válido ser médico, abogado o tener una carrera exitosa. Es válido si tu hijo quiere ser artista. Estas creencias limitantes tan absurdas que prevalecen en Latinoamérica nos impiden entender que está bien saber lo que quieres ser y hacerlo con amor.

El constante cuestionamiento que tenemos de que si no seguimos la estructura que nos han impuesto, como tener una carrera universitaria, no seremos útiles o exitosos, es absurdo. Cuántas personas han alcanzado el éxito sin un título universitario. El éxito no depende de una licencia; puedes acumular diplomas en un cajón y seguir siendo una persona vacía y pobre, de todas formas. Incluso, sentía que ese rumbo ya no tenía sentido, dado que era tarde para hacer algo por mí y para mí.

Hasta que un día, una de mis hijas, la más observadora de las dos, con quien siempre he tenido una conexión muy especial, se convirtió en el instrumento que abrió mi camino hacia nuevas oportunidades y retos. Con cada uno de mis hijos mantengo una relación única que me enseña algo diferente sobre mí misma. Ella, en particular, posee la capacidad de ver en mí lo que otros no perciben; más allá de mis frustraciones y tristezas, siempre logra captar mi esencia y reconoce tanto mis carencias como mi necesidad de expresarme. Mientras sus hermanos también revelan aspectos de mí que desconocía, ella, con su mirada profunda y su sensibilidad, siempre ha buscado la manera de hacerme sentir feliz, serena y, sobre todo, querida.

Ella me cuestionaba porque sabía que yo amaba hacer tantas cosas, y en ese momento no hacía nada. Ella notaba que me dedicaba a la casa, pero no hallaba algo para mí que verdaderamente me apasionase. Por eso, me recomendó elaborar pulseras, lo que me llevó a la orfebrería.

Mi hija fue mi cómplice: salíamos muy temprano de casa, la dejaba en la universidad; luego, yo hacía tiempo hasta que finalmente me iba a mi curso y, una vez que terminaba mi clase, iba por ella y regresábamos juntas.

Después de la orfebrería, me habló del tejido. A ella le encantaba la tienda Urban, seguía la moda y todo lo que estaba en tendencia; además, deseaba un tapete para su cuarto y quería que yo aprendiese de tejido para hacerlo. Hasta que nombró la palabra macramé. Inmediatamente conecté con mi infancia y le comenté que yo tejía junto a la abuela.

Mi hija notó que mi cara cambió con tan solo hablar del macramé, lo que la impulsó a buscar los hilos, mientras yo comenzaba a transitar un hermoso camino de transformación, lleno de creatividad y libertad.

Poder sumergirme en el tejido me condujo a recobrar las ganas de explorar, crecer, conectar y sentir. A través del tejido, experimenté sensaciones de paz que me llevaban a un lenguaje interno. Poco a poco fui descifrando el hecho de haber encontrado mi pasión. Esto me abrió caminos, me enseñó a creer en mí y en mi capacidad de crear espacios únicos con mis piezas.

Mágicamente, mi vida iba fluyendo porque le estaba dando forma a una vida que para mí no tenía rumbo. El miedo me decía que a mi edad no tendría posibilidad de transformarme, mientras que los hilos me sostenían. Inclusive en los momentos más difíciles de transitar, me mostraron que todo se podía destejer y volver a tejer.

A medida que fui desarrollando mi confianza y explorando mi creatividad, las oportunidades comenzaron a presentarse como un verdadero regalo del destino. Cuando me entregué a mi pasión sin expectativas, permitiendo que mi alma se expresara y que la creatividad se transformase en arte, descubrí que el momento perfecto había llegado; no hubiera podido ser antes ni después.

Fue así como comencé a llevar un lenguaje mudo a través del arte y entregando en cada pieza fragmentos de mi historia con forma de nudos.

Comencé con colgantes de plantas, los cuales colgaba en la entrada de la casa. Muchas personas admiraban mi arte y me preguntaban cómo lo había hecho. Obviamente, yo aún no creía en mí, por eso no lo veía ni lo entendía. En una oportunidad le regalé uno de mis colgantes a una amiga fanática de los mercaditos; ella me invitó a participar y exponer mis piezas en el Whole Foods. Mi hija no tardó en ir e inscribirme.

Mi hija ha sido mi mejor apoyo y compañía. Ella fue la que se preocupó en ponerle un nombre a mi marca, crear un logo y hasta abrir un Instagram. Siempre me dice que le alegra verme tan feliz, tranquila, enfocada y enamorada haciendo lo que me gusta. Antes, con tanta ansiedad, no podía concentrarme.

El arte fue la mejor medicina, que además de envolverme y distanciarme del mundo exterior, me ayudó a conectar con esa niña interior que tejía con su madre. Yo no sabía cuál era mi verdadera pasión hasta que volvió el macramé a mi vida.

Inicialmente, mis diseños eran siempre los mismos, hasta que llegó un momento en que me propuse hacer una lámpara. Pese a que no sabía por dónde empezar, quería algo diferente, único e irrepetible. Tardé al menos dos o tres semanas confeccionándola.

La tejí con gran delicadeza y dedicación. Al finalizar, ver sus hilos y su hermosa forma iluminada fue una experiencia maravillosa que hizo clic de inmediato. En ese momento, me di cuenta de que era lo que realmente amaba hacer, y así empecé a crear mis propias lámparas, pero tejiendo sin expectativas.

Comencé a entender que, una vez que dejamos de lado el control y accedemos a que el universo nos guíe y que todo fluya, nuestra intuición estará presente. Desafortunadamente, el ser humano tiende a ser incrédulo y esto se debe a la forma en que nos criaron: no creemos en lo que no vemos con nuestros propios ojos.

Aun cuando este tema va mucho más allá, siempre hay algo interno que nos guía y nos conecta espiritualmente. Desde niña sentía esa conexión, pero con el paso de los años las circunstancias me han dejado ir descubriendo y afianzando mi teoría. Por ejemplo, no es casualidad mis primeros libros de metafísica a tan corta edad.

Yo considero que todas las personas tenemos señales y a todas nos habla el universo. Por vivir en automático, esperando esa evidencia, te conviertes en alguien totalmente escéptico y consientes que el ego continúe saboteándote.

Personalmente, prefiero dejarme guiar porque he encontrado, a través de esa luz interior, las herramientas necesarias para seguir adelante. Ciertamente, no hay una receta milagrosa ni un patrón que yo te pueda recomendar para la vida. Lo que sí te puedo asegurar es que las señales existen, así como lo que es para ti te busca y te encuentra.

Más allá de mi pasión por el arte, realizar una actividad manual es una excelente manera de meditación activa porque, para las personas que no se pueden concentrar, sentarse, cerrar los ojos y sentir la respiración a través de cualquier actividad, pueden experimentar exactamente lo mismo, pero con los ojos abiertos.

Puedes alcanzar ese estado de meditación activa a través del ejercicio, el arte, la cocina, el yoga, el baile, entre otras actividades. Hay diversas formas de expresarte, liberarte y meditar mediante la actividad que más te apasione.

Al sucumbir ante la belleza y la pasión por la actividad que disfrutas, te alejas de aquellas situaciones inmersas en tu mente que crees que no podrán ser resueltas. Esto limita esa carga que arrastras muchas veces por problemas que ni te pertenecen.

Puede parecer egoísta, pero a menudo nos cargamos con problemas que no nos corresponden. A diario, solía llenar mi mochila con las preocupaciones de mis familiares y amigos. No quiero decir que no debas sentirte afectado por los casos de los que te rodean, ni que no los quieras o los ames. Cada persona debe resolver sus propios conflictos.

Tampoco quiere decir que no los escuches; aun así, una vez culminada la conversación, sal de esa situación, porque no podemos hacernos cargo de la vida de los demás. Ni porque se trate de la vida de tu esposo, o tu hijo, nunca podrás guiar a alguien hasta tanto se haga responsable de sus acciones. No tenemos control ante las acciones de otros.

Yo no lo quería reconocer, yo creía que podía cambiar el camino de los demás, lo cual es mentira. Rápidamente, me di cuenta de que tenía la mochila repleta de problemas que se escapaban de mi control porque no eran míos, y entonces: *¿en qué momento tenía tiempo para dedicarme a mí?*

Además, nos enseñaron que los problemas en casa son responsabilidad de todos. No es que no estemos dispuestos a apoyar, pero nos acostumbraron a depender ilimitadamente de los demás, haciéndonos creer que era nuestra obligación, aunque no lo fuera o no estuviéramos de acuerdo. Cada persona tiene un rol en el hogar y, a menudo, se nos asignaba más carga de la que realmente nos correspondía.

En mi caso, yo tenía trece o quince años y mi mamá no me dejaba salir a una fiesta porque debía cuidar a los hijos de mi hermana para que ella pudiese ir a trabajar. Pero ellos no eran mis hijos ni mi responsabilidad.

Habría sido muy diferente que me consultaran antes de asignarme una responsabilidad tan dura a tan corta edad. Por el contrario, en mi casa nunca hubo límites, y con el tiempo te acostumbras a que debes resolverles la vida a todos a tu alrededor.

Yo puedo escucharte y servir de desahogo mientras me cuentas tus problemas, pero cada persona debe hacerse responsable de su propia vida. Esta dependencia de los demás contribuye a que haya cada vez más víctimas, ya que muchos no se mueven de su zona de confort, pues siempre encuentran a alguien que les ayuda a llevar sus cargas. Si actuamos partiendo de la rabia o el rencor, no habrá cambio. El verdadero cambio empieza con nosotros mismos y esto hace que cada quien asuma la responsabilidad de su vida. Recuerda que el único modo de avanzar y despertar de este letargo es tocando fondo.

Era evidente que no tenía tiempo para resolver mis asuntos; debía detenerme para entender todo lo que me estaba pasando. Me pregunté: —¿Es esta la vida que quiero?—. Obviamente, no. Esa no era la vida que deseaba.

Claro, suena muy egoísta mi percepción; sin embargo, cada quien debe resolver sus situaciones. Especialmente con nuestros hijos, nosotros tenemos la responsabilidad de salvaguardarlos hasta que tienen cierta edad. El resto del camino seguiremos guiándolos, amándolos y apoyándolos.

Por ello, siento que mi misión en esta vida va más allá de tejer lámparas o esculturas. Mis tejidos han sido un canal para conectar con mucha gente, y mi historia de vida ha sido la razón para sanar mediante el arte y compartir esta técnica como un proceso de sanación. Asimismo, lo que he experimentado en mi camino demuestra que todo en la vida puede transformarse.

Ten siempre presente que la vida es ahora para hacer lo que nos apasiona. No importa las circunstancias: siempre podemos encontrar algo que nos haga sentir vivos y nos llene de alegría. Así que, si estás buscando algo nuevo que hacer, no tengas miedo de probar algo diferente. No importa la edad, si eres principiante o experto, pues siempre habrá espacio para alcanzar nuestros sueños.

«La paz interior es la base de todo éxito y la clave de la felicidad. Cuando tienes paz interior, cualquier situación que enfrentes es manejable, y puedes encontrar pasión y propósito en lo que haces».

ECKHART TOLLE

Herramientas

Sostenerme en el maravilloso proceso de la creación fue la herramienta más poderosa que me condujo no solo a calmar mi mente, sino también aprender a transitar y sanar mis emociones. Te invito a encontrar aquello que te apasiona, lo que hacías de niño, eso que tanto disfrutabas. Conéctate con esa actividad y con el niño interior que aún vive en ti. No solo te brindará paz, sino que también será un refugio que te ayudará a equilibrar tus emociones. Expresarlas a través del arte es, en sí mismo, un acto sanador.

Herramientas para sanar mediante el arte: esta invitación a explorar tu lado creativo te brindará muchas respuestas y te aportará paz mientras estés conectado con el proceso de creación.

1. **Expresión libre**: da pie a tu expresión sin restricciones ni juicios. No te preocupes por el resultado final; enfócate en el proceso de crear. Deja que tus emociones fluyan a través de tu arte.

2. **Diario creativo**: usa el arte para llevar un diario visual. Puedes combinar dibujo, pintura y *collage* para expresar tus pensamientos y sentimientos diarios. Esto te ayudará a procesar y comprender tus experiencias.

3. **Terapia de arte**: participa en sesiones de terapia de arte con un profesional. Los terapeutas de arte están capacitados para guiarte mediante el proceso de creación artística, a la vez que se exploran y sanan aspectos emocionales.

4. **Rituales artísticos**: crea rituales que incluyan el arte como parte de tu rutina de autocuidado. Por ejemplo, dedica tiempo cada semana a pintar, esculpir o dibujar para conectar contigo mismo y explorar tus emociones.

5. **Mandalas**: dibuja o pinta mandalas, patrones circulares que incentiven la concentración y la relajación. La creación de mandalas puede contribuir a equilibrar y armonizar tus energías.

6. **Ritual de liberación**: realiza arte como un acto de liberación. En particular, crea una pieza que simbolice dejar ir algo del pasado que ya no te sirve, y luego deshazte de ella de manera ceremonial.

7. **Escritura creativa**: incluye la escritura creativa en tu práctica artística. Escribe poemas, cuentos o reflexiones que acompañen tus obras visuales para una exploración más profunda de tus sentimientos.

8. **Técnicas nuevas**: experimenta con nuevas técnicas artísticas para desafiarte y abrirte a diversas formas de expresión. Esto puede contribuir a que descubras distintas maneras de lidiar con tus emociones.

La creatividad como expresión del amor y los milagros

«La creatividad es una expresión del amor, y toda expresión amorosa es un milagro. El arte, cuando nace del amor, tiene el poder de sanar y transformar nuestras percepciones, llevándonos de la oscuridad a la luz».

Fragmento extraído de *Un curso de milagros*, publicado por Kenneth Wapnick.

WORKBOOK

¡Ahora es tu turno! Te invitamos a completar el siguiente espacio para poner en práctica las herramientas que has aprendido en esta cápsula. En estas líneas podrás profundizar en los conceptos clave y aplicarlos a tu vida diaria, para, así, transformar el conocimiento en acción. ¡Es momento de dar el siguiente paso y ver los resultados!

NOTAS

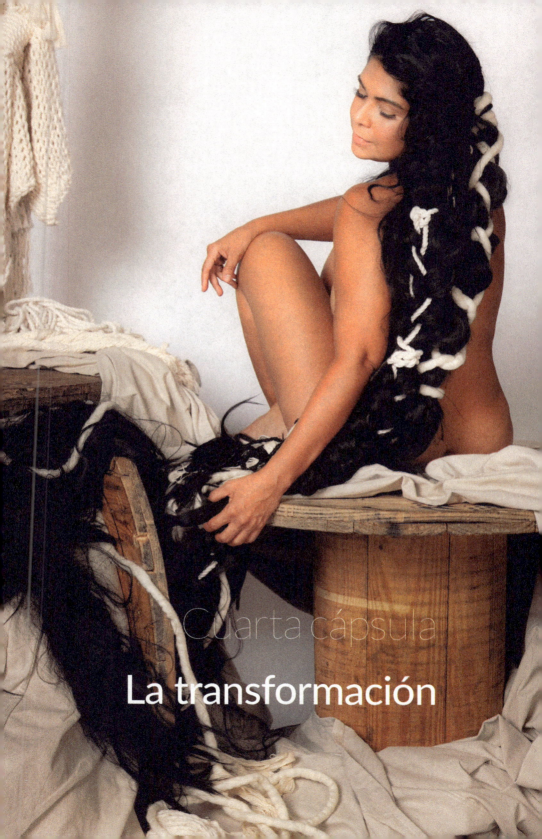

«Cada experiencia que nos transforma es un paso hacia la realización de nuestro propósito más profundo».

DEEPAK CHOPRA

La transformación es una nueva oportunidad que nos regala la vida, es como un viaje de descubrimiento que nos lleva al renacimiento. Para mí, es atreverse a trascender nuevos caminos, mientras rompes con esa estructura o patrones que arrastras desde la infancia, para finalmente cambiarlo.

Todos los días se nos presentan situaciones que nos dan la oportunidad de transformarnos. A veces, unas son más fuertes que otras, pero todas nos brindan la posibilidad de seguir ese despertar que tanto necesitamos para evolucionar.

Los seres humanos no somos los únicos que vivimos la transformación como un proceso natural. Un claro ejemplo es el águila, un ave majestuosa que puede llegar a vivir hasta setenta años, gracias a su fortaleza mental. No obstante, para alcanzar esa longevidad, al llegar a los cuarenta años, debe enfrentar una decisión muy difícil.

Sus garras ya no son lo suficientemente afiladas para cazar, su pico se ha torcido y debilitado, y sus alas, envejecidas y pesadas, dificultan el vuelo. El grosor de sus plumas le impide volar con agilidad, lo que convierte la caza en un desafío casi imposible. Ante esta situación, el águila tiene dos opciones: dejarse morir por la incapacidad de cazar o someterse a un doloroso proceso de renovación que dura 150 días.

Este proceso implica volar a la cima de una montaña, donde, golpeando el pico contra una roca, se lo arranca. Cuando le crece uno nuevo, lo utiliza para arrancarse las garras. Con sus nuevas uñas, finalmente, se despoja de las plumas envejecidas. Esta dolorosa transformación dura 150 días, pero, al final, el águila renace y puede vivir 30 años más y resurgir como el ave fénix.

A veces debemos desprendernos de lo que somos para dar paso a una mejor versión de nosotros mismos.

A lo largo de nuestro camino atravesamos situaciones similares a las de las mariposas y las águilas, que nos invitan a tomar decisiones trascendentales en nuestro recorrido. Aunque el miedo nos paralice y las inseguridades nos arropen, debemos enfrentarnos a nuestras sombras internas y a los desafíos del mundo exterior. En realidad, lo externo es una ilusión creada por nosotros mismos; es decir, todo lo que necesitamos resolver se encuentra dentro de cada uno de nosotros para poder avanzar.

Honestamente, mi proceso no ha sido fácil; por el contrario, desde el comienzo fue retador. Hubo un momento en que yo pensaba que mis ilusiones se acababan, estaba desconcertada con todo lo que pasaba en mi vida hasta que llegué al tope y tomé la decisión irreversible de divorciarme.

Me hubiese encantado divorciarme de mutuo acuerdo y, aunque no todo fluyó como esperaba, fue un proceso en el que sentí que el universo estaba a mi favor y permitía que todo sucediera de la mejor manera posible y me llevara finalmente hacia mi libertad.

Por un momento lo noté descabellado; sin embargo, mi camino necesitaba una transformación. Aun cuando los procesos de divorcio suelen ser largos, engorrosos y muy costosos, el mío fluyó bastante rápido. Conté con el apoyo de un amigo en común que fungió de mediador, junto a un excelente abogado que en ningún momento desmayó hasta lograr su único objetivo: nuestra libertad. Y, cuando digo nuestra, es porque afectaba a todo mi hogar. Yo me esmeraba por darles a mis hijos una base económica sólida, aunque descuidando un punto importante: la estabilidad emocional.

No fue un camino fácil, viví momentos tristes, aunque con muchas ganas de encontrar mi felicidad. Literalmente, era como empezar de cero, pero con 44 años, al tiempo que aprendía a soltar la rabia, la depresión, la angustia y la ansiedad. A veces despertaba por las mañanas sin querer levantarme de la cama.

La depresión se apoderó de mí. Era más fácil alimentar a esa Yelitza víctima que hacerme responsable de mis acciones Esto, pese a que el simple hecho de dejar mi matrimonio atrás, de alguna forma, me convertía en una mujer valiente, pero. por estar sumergida en el porqué y no en el paraqué, no lograba identificar mi valentía, que muchos recalcaban.

Poco a poco los días fueron pasando y, con ellos, el despertar. Poder ver el pasado y todo lo que había podido superar me hace sentir una guerrera invencible. Disfrutar de la alegría de vivir sin sufrimiento, sin quejas y sin vejaciones ha sido la bendición más grande que me dio la vida a mis 44 años. Sin embargo, por mucho tiempo no lo entendí.

Lo más difícil del proceso es que sentía miedo al poner límites, miedo a ser cuestionada. Yo siempre había estado acostumbrada a que me dijeran qué era lo que tenía que hacer; por eso creía que al pensar y actuar diferente sentiría rechazo. No obstante, eso estaba mal porque no solo eran cosas que no quería hacer, sino que tampoco estaba de acuerdo, mas nunca me detuve a validar mi manera de pensar, ni de sentir, ya que mi prioridad era lo que decían los demás.

Cuando finalmente empecé a poner límites, el papá de mis hijos intentó persuadirme para que regresara. Por suerte, desde que comencé a decir que no, me estaba poniendo de primero y comenzaba a sentir amor propio, dado que el divorcio también es una prueba de amor hacia uno mismo. Lo más difícil de establecer límites es afrontar los cambios en tu entorno.

Yo ya no era la misma persona sumisa y quienes me rodeaban comenzaron a notarlo. Los cercanos me llamaban y preguntaban por qué estaba rompiendo un matrimonio de tantos años, de toda la vida. Por un momento, sentía miedo de expresar lo que realmente sentía, pero finalmente lo decía y, puedo decir con honestidad, era bastante liberador. El verdadero temor o sentimiento de culpa surge cuando temes que los demás no te acepten, no te aprueben o no te amen por decir «no» a algo que ellos esperan que aceptes.

Poner límites es difícil, pero es una sensación muy placentera poder liberarte de aquello que no te proporciona felicidad, porque los límites son una forma de respeto hacia nosotros mismos, que a diario nos ayudan a construir relaciones sanas y satisfactorias.

Hace poco me encontré con una buena amiga que no veía desde aquel momento del divorcio. Ella estaba asombrada de verme distinta y transformada. Ya no soy la misma Yelitza que hablaba desde la rabia o la victimización. Por ello, me preguntó si en algún momento de la vida me visualicé divorciada de él. Sin embargo, no, yo siempre me vi envejeciendo junto a Andrés.

Muchas veces nos aferramos a la resignación cuando sentimos que no hay salida, debido a que no nos creemos capaces de transformar nuestra vida. Por el contrario, lo que he aprendido en mi camino de transformación es que nada de lo que vives te define ni mucho menos lo que harás. Yo misma me vi sumergida en muchos miedos y bloqueos, hasta que sentí esa señal, esa intuición de salir adelante, y finalmente lo hice, a pesar de que mis ideas y creencias limitantes me decían lo contrario.

Hay personas que están en nuestras vidas por un tiempo determinado, y eso está bien. Es como si cumplieran un ciclo específico y luego se fueran.

La transformación es un viaje de descubrimiento que nos lleva al renacimiento. A veces es necesario poner límites, alejarse de personas tóxicas y creer en uno mismo, a fin de encontrar la felicidad. No temas defender tu felicidad y ponerte en primer lugar en tu vida. La transformación requiere esfuerzo, valentía y determinación, pero al final te lleva a una vida plena y gratificante.

Y, de todo este miedo, entendí que cuando no sabes qué hacer o qué rumbo tomar, hay que detenerse y permitir unos minutos a solas consigo mismo. Quizás por la rapidez con la que a diario vivimos y las interminables tareas y responsabilidades, no nos regalamos tiempo para escucharnos.

Hay quienes creen que tomarse un tiempo para sí mismos restará rendimiento, pero quiero que sepas que, si no te regalas esos 5 o 10 minutos contigo mismo, no lograrás ser tan productivo. A través de esa meditación, encontrarás la transformación, que proviene del interior. Deja de buscarla fuera.

En mis momentos difíciles, siempre he hablado con Dios. A diario rezo con devoción; me levanto muy temprano para disfrutar de tiempo en completa paz. No tomo el teléfono al despertar; preparo mi café, comienzo a escribir, reflexiono, agradezco, luego leo un poco de un libro. Miro a mi alrededor y me digo lo afortunada que soy. Después, dedico tiempo a cuidar de mi cuerpo con una ducha y me preparo para enfrentar el día. Además, ocupo tres horas diarias a ejercitar mi cuerpo y completo con una sesión de yoga que me ayuda a equilibrar cuerpo y mente. A diferencia de mi vida pasada, cuando vivía para los demás y no tenía tiempo para mí, ahora vivo para mí misma.

La mejor terapia que he tenido en mi vida ha sido escribir a diario. Inicialmente, doy gracias por lo que tengo de manera consciente, comienzo a analizar cuál fue mi queja ayer y descubro que no tengo por qué quejarme, dado que tengo todo lo necesario. Luego, me pregunto cómo me siento hoy, por qué me siento así y transformo el porqué en el paraqué.

Esto solo podrá fluir cuando escribes, cuando sueltas todo lo que sientes, todo el dolor, toda la rabia, todo el sufrimiento y toda la frustración. La escritura es una herramienta que nos encamina a conectar con lo que sentimos, nos deja estar presentes y conscientes. Es un momento que nos concede un espacio abierto, de libre expresión, sin juicios. Para mí ha sido una poderosa herramienta que me ha conducido a sacar a la luz cualquier emoción, idea o sentimiento, y poder transformarlo. Sinceramente, contribuye a fortalecer el alma, pues el verdadero objetivo es buscar esa paz interior.

Cada vez que escribo se mueven todas las fibras de mi ser. Es tan placentero, emotivo y renovador. Siento que cada vez que escribo me voy convirtiendo, me siento más libre, tranquila y feliz.

Es así como una energía muy baja la transformo en algo positivo, lo que me induce hacia mi verdadero camino. Es importante aclarar que es un trabajo de todos los días, ya que a diario irán surgiendo pensamientos y sentimientos diferentes.

Si no te gusta escribir, hablar con el espejo también es una buena alternativa. Yo también hablo conmigo misma, me doy ánimo, me recuerdo que soy talentosa, porque el miedo tiende a paralizarme. Cuando discutía con el padre de mis hijos, el miedo me paralizaba por no saber qué hacer. Actualmente, me sucede lo mismo cuando tengo una nueva pieza y, aunque sé que es hermosa, me da miedo mostrarla y que no sea aceptada.

Cuando lo analizo profundamente, entiendo que el problema radica en que soy yo misma quien se está juzgando, y, por lo tanto, no me acepto. Suelo juzgarme mucho cuando estoy creando una pieza. Frecuentemente, me cuestiono si estará bien y si gustará a los demás.

La transformación llega en el momento en que comienzas a creer en ti, en tu potencial y en lo ilimitado que eres. Volvemos al punto anterior: nadie puede valorarte si tú no te valoras; nadie te amará si tú no te amas.

Transitar y entender la complejidad de cómo funciona nuestro subconsciente va desde adentro. Generalmente, el subconsciente lo tenemos lleno de mucha basura, creencias y todo aquello que nos enseñaron, que ya no sirve de nada. Obviamente, es necesario repetirlo con frecuencia, que lo entiendas y algo más importante todavía: que lo integres a tu rutina.

Incluso, cuando te abres camino para seguir aprendiendo y despertando, mientras sacas de tu vida a personas que no resonaban o no vibran en tu misma sintonía, es muy sanador. No olvides que Dios nos hizo a imagen y semejanza; que somos infinitamente abundantes, perfectos, suficientes y completos.

A su vez, cuando elegimos cómo queremos sentirnos, independientemente del resultado externo, fortalecemos nuestra confianza, lo que nos lleva a estimular nuestra seguridad y, con ella, el amor propio. Siempre existirán conflictos o situaciones desagradables, es parte de nuestra experiencia en este planeta; sin embargo, cuando elegimos verlo desde el amor, es la oportunidad perfecta para crecer y aprender.

Los obstáculos también pueden convertirse en una guía. En esos momentos es cuando pido al universo ver la dificultad a través de sus ojos y abrirme a recibir las soluciones amorosas que están presentes para mi evolución. Es muy poderoso, sanador y transformador elegir ver cualquier cosa que nos esté pasando, pero desde el amor y la compasión, debido a que la elevada frecuencia que esto genera nos lleva a transitar con mayor paz y resignación, y aceptar que todo es como debe ser.

La transformación es igual que un viaje: requiere esfuerzo, constancia y dedicación. No temas a transformar tu vida en felicidad, no temas defenderte de las personas y alejarte de las situaciones que te hacen daño, no temas quererte tanto que siempre te pongas de primero. Deja que tu instinto te conduzca a una vida plena y gratificante.

«La transformación
comienza cuando te atreves
a ser tú mismo».

COCO J. GINGER

Herramientas

Estamos en constante transformación. Accede a aceptar el fracaso cuando no encuentres una salida y abandona el intento de controlar todo. Al fluir con el proceso y permitirnos transformarnos, por doloroso que sea en el momento, estamos realizando el acto de valentía más poderoso que podemos experimentar. Este proceso nos llevará a desarrollar una versión de nosotros mismos que jamás imaginamos. Ábrete al cambio y a nuevas experiencias. ¡Sal de tu zona de confort y crecerás!

Con estas herramientas, te invito a abrirte al cambio, seguir transformando tu vida y continuar creciendo. Transita la vida con más amor y valentía.

1. **Práctica del autoconocimiento**: dedica tiempo a conocerte mejor. Esto incluye identificar tus valores, creencias, fortalezas y debilidades. La autorreflexión puede ayudarte a entender qué aspectos de ti mismo quieres transformar y por qué.

2. **Establecimiento de metas**: define metas claras y alcanzables para tu transformación. Establecer objetivos específicos te brindará una dirección y te ayudará a medir tu progreso.

3. **Educación continua**: lee libros, haz cursos y busca recursos que te enseñen sobre el proceso de transformación personal. La educación te proporciona herramientas y perspectivas nuevas para crecer.

4. **Meditación y *mindfulness***: practicar la meditación y el *mindfulness* puede contribuir a que te centres y estés

presente. Estas prácticas te llevan a observar tus pensamientos y emociones sin juzgarlos, y te facilitan la aceptación y el cambio.

5. **Diario de reflexión**: lleva un diario en el que registres tus pensamientos, emociones y experiencias. Reflexionar sobre tu día a día te conduce a identificar patrones y áreas de mejora.

6. **Aceptación de la vulnerabilidad**: permítete ser vulnerable. Reconocer y aceptar tus debilidades y temores es una parte esencial del crecimiento personal.

7. **Celebración de logros**: celebra tus avances, por pequeños que sean. Reconocer y festejar tus logros mantiene alta tu motivación y te recuerda que el cambio es posible.

8. **Adaptabilidad**: mantén una mentalidad abierta y flexible. La transformación a menudo implica carear lo inesperado y adaptarse a nuevas circunstancias.

La transformación espiritual

«La transformación se lograría mediante un cambio de perspectiva y un viaje hacia el entendimiento de nuestra verdadera naturaleza espiritual, liberándonos de las ilusiones y el sufrimiento para abrazar la paz y la alegría».

Fragmento extraído de *Un curso de milagros*, publicado por Kenneth Wapnick.

WORKBOOK

¡Ahora es tu turno! Te invitamos a completar el siguiente espacio para poner en práctica las herramientas que has aprendido en esta cápsula. En estas líneas podrás profundizar en los conceptos clave y aplicarlos a tu vida diaria, para, así, transformar el conocimiento en acción. ¡Es momento de dar el siguiente paso y ver los resultados!

NOTAS

«El perdón es una decisión consciente de liberarnos del dolor, para crear espacio para la paz».

MAYA ANGELOU

El perdón es el trabajo interno más profundo que puede existir. Definitivamente, es un acto de amor propio que nos libera de las ataduras del pasado, nos absuelve de las creencias que nos han limitado a lo largo de la vida. A través del perdón comenzamos a destejer esas situaciones que nos han atrapado por años, para finalmente sentir la verdadera liberación. Además, es la forma más poderosa de sanar.

El perdón también es aceptación porque tiene que ver con lo que no aceptamos. Las cosas siempre suceden por alguna razón, todo tiene un sentido y, al no perdonarlas, se transforman en resistencia. Por eso, la aceptación es el primer paso para alcanzar el perdón, ya que nos invita a ver las circunstancias como son.

Cuando no perdonamos, nuestra mente crea historias y suposiciones que pueden no ser reales. El mayor obstáculo para el perdón son los cuestionamientos constantes y la búsqueda de respuestas. Finalmente, al superar estas barreras y aceptar que todo está aquí para enseñarnos algo, comenzamos a ver las cosas desde una nueva perspectiva.

Venimos arrastrando creencias limitantes de vidas pasadas y, una vez que las identificas, te responsabilizas, decides cambiar y sustituir unos pensamientos por otros. Vale acotar que siempre estamos en un constante camino de perdón y transformación; este nunca termina. El perdón es aceptar, para finalmente transformar. Y, así, fui perdonándome, perdonando personas y procesos en mi vida.

Es más fácil culpar a los demás que asumir nuestra propia responsabilidad, y esa es la raíz de muchas de nuestras dificultades. A menudo no vemos que somos nosotros quienes permitimos que ocurran ciertos casos, y que lo que experimentamos es un reflejo de nuestras propias necesidades de sanación o de patrones ancestrales que deben ser liberados.

En mi búsqueda de libertad me lancé al vacío sin conocer el alcance de este viaje. Este proceso de transformación me ha enseñado a tomar las riendas de mi vida. Aunque aún lucho con el perdón hacia mí misma y con mis constantes cuestionamientos, me ayuda a compararme con la Yelitza de antes y ver mi crecimiento. Cada día me impulso a seguir transformándome.

El camino que transité hasta poder perdonar al papá de mis hijos no fue rápido, mucho menos fácil, me resistí mucho y me ha tomado años. Siento que todavía hay bastante que sanar y perdonar de la relación.

Comencé mi proceso de perdón con mi entorno más cercano: mi padre, mi madre, mi abuela y mis ancestros. Entendí que debía empezar perdonándome a mí misma por todo lo que permití en mi vida, desde humillaciones hasta injusticias. Reconocí que todas estas experiencias me llevaron a este proceso de sanación, que continué con el padre de mis hijos.

Al trabajar el perdón, descubres que cada persona actuó con las herramientas que tenía y contribuyó a tu evolución y transformación. Creo que elegimos a nuestros padres para continuar procesos de sanación y evolución que no completamos en vidas anteriores. Al empezar a perdonar, todas tus relaciones comienzan a mejorar.

Siempre hablamos del perdón con otros, pero verdaderamente el perdón es con nosotros mismos. El perdón es entender que todo es y que tú lo juzgaste, cuestionaste y condenaste. Ciertamente, no tuve un manual o una guía práctica, puesto que todo en mi vida fue muy intuitivo. Yo conectaba con mi parte espiritual y, de esta manera, conseguía herramientas para irlo haciendo. Nunca tuve una estructura, únicamente me pregunté qué quiero perdonar, y ahí comenzó mi camino a través de la escritura y el arte para sanar.

Es demasiado bello porque puedes hablar contigo mismo. Si no sabes meditar, es una forma activa de hacerlo sacando de tu mente todos esos pensamientos. Empecé escribiendo cartas a todos aquellos que quería perdonar, esos que estaban en mi vida y que sentía que me habían hecho daño. Ese fue el verdadero *clic* para poder desahogar tantas cosas que sentía. Ojo, esa carta no se le debe mandar a la persona, simplemente la escribes, la haces, te desahogas, lloras, la quemas de manera intencional y liberándote del sentimiento.

Suelo comparar la acción de escribir con una agenda, en la que anotas la rutina diaria, cada tarea que necesitas realizar. Al hacerlo, liberas la mente de la información acumulada y esto te permite planificar con claridad. Es un proceso que no solo te organiza, sino que también te brinda paz al descargar lo que llevas encima. Te invito a probarlo, a experimentar cómo ese simple acto puede transformar tu día y ofrecerte la tranquilidad que tanto necesitas.

Este diario es un hábito que debemos trabajar para nosotros mismos. Es un simple paso que puede cambiar vidas, así como es un deber hacer ejercicio, aunque esto incomode o no nos guste. A mí, en lo personal, no me gusta hacer ejercicio y me obligo a hacerlo. Siempre me repito constantemente que lo hago por mí, es para mí; así como comer sano, llevar una vida en equilibrio: mente, cuerpo y alma.

Es como ir controlando la mente. Entonces, esa escritura diaria también es un gesto de amor propio. Algunas veces, cuando algo no está bien, me pregunto: ¿qué sucedió hoy? ¿Por qué me siento mal? ¿Por qué no puse límites? Es ahí cuando decido sentarme a escribir.

Generalmente, siempre cargo un lápiz y un papel en todas partes, en el carro, en la mesa de noche y en la cocina porque, si lo considero necesario, me siento y descargo toda esa emoción atrapada. Tan solo con escribir, y luego leerlo, ya sé de dónde viene y sé cómo trabajarlo, si tengo las herramientas. En caso de no poseerlas, comienzo a buscarlas hasta sentirme en paz, dado que finalmente esa es la idea de todo; tener mi paz mental e ir con más paz mental en el camino.

Incluso, me llegué a hacer una carta a mí misma; recuerdo que fui muy dura conmigo. Pero, en mi camino de amor propio, también he aprendido a ser mucho más empática y compasiva; aprendí a tratarme con amor.

Cuando empiezas a amarte, todo cambia. Cuando empiezas a sanar las heridas dentro de ti, todo cambia. Cuando te refugias en tu ser, todo cambia. Cuando aprendes a sentir y a entender que siempre todo está bien, sin buscar explicaciones, simplemente sintiendo y aceptando, todo cambia. Resistirnos trae dolor. ¿Cómo quieres vivir? ¿Con resistencia o en paz? ¿Quieres tener paz mental? ¿Quieres estar tranquila? ¿Quieres que todo fluya? Todo se halla dentro de ti. El poder está dentro de ti.

Al descubrir mi poder y utilizar la escritura como compañera en el perdón a mí misma, superé el cuestionamiento constante de buscar la perfección. Aprendí que no tener todo bajo control no está mal.

La compasión es, asimismo, importante; nos permite llevar ese perdón amorosamente. Es importante comprender que en la vida siempre van a existir cosas que perdonar. Entiéndase: no te sientas un extraterrestre por no haber podido hacerlo. Recuerda que eso no te hace una mala persona.

Gracias a esa mezcla de valores, logré alcanzar relaciones sanas. Por muchos años fui una mujer llena de críticas, era muy tóxica. De ahí que la honestidad es tan importante para mí, la fomento y trabajo en mi autenticidad. Me siento mal y no está bien hablar mal de los demás; en cambio, cuando eres honesto, todo fluye, creas un ambiente empático y armonioso. Sin embargo, no necesariamente la otra persona debe acoplarse a lo que tú piensas, pero sí es cubrir tu integridad y expresar lo que quieres a tu alrededor.

¿Y como son las relaciones sanas?

Son aquellas que se caracterizan por la honestidad, la transparencia, la autenticidad y la compasión. Son libres de cuestionamientos, establecen límites amorosos (no confundir con límites sociales) y fundamentan el respeto, el bienestar físico y emocional de ambas partes, lo que crea un ambiente de confianza.

Recientemente, tomé el curso Más Paz Mental con Stephanie Essenfeld, que transformó mi mundo interior y me enseñó a vivir en paz. Aprendí y reafirmé valores clave, como la importancia del perdón, los límites y cómo tener conversaciones asertivas.

Ambos puntos, el perdón y los límites, son herramientas tan poderosas que nos ayudan a sobrellevar cualquier situación. Por ejemplo, hay cosas que queremos expresar o exteriorizar y, por no poner límites a los demás, eso nos va calando y termina frustrando nuestro camino.

Aunque las conversaciones incómodas sobre límites pueden ser desagradables, es crucial tenerlas. No te guardes la frustración por evitar un momento así; aclarar los puntos y expresar tus sentimientos puede sanar. Mostrar honestidad y vulnerabilidad al reconocer errores es muy sanador y evita suposiciones y malentendidos.

Dejar el ego a un lado y reconocer nuestros errores libera ataduras. Aunque el ego nos proporciona seguridad, un ego desmedido puede crear obstáculos en las relaciones sanas.

En mi camino acepté muchas cosas que realmente no quería y que no fomentaban las relaciones sanas. Ahora comprendo que esa aceptación venía por la falta de límites. Claro, al no poner límites, ya que no sabía lo que era, yo no hacía valer lo que verdaderamente quería, lo que me hacía sentir bien. Con esto no me refiero a un capricho, sino a lo que verdaderamente sentía como ser humano.

Nunca supe defender mi posición de querer estar feliz o estar triste. En reiteradas oportunidades, al momento de poner música, Andrés me pedía que la apagara porque había tenido un problema en su trabajo. Incluso, me preguntaba: ¿cómo es eso que tú estás celebrando? Y, la verdad, yo no estaba celebrando, simplemente quería escuchar música. O, si quería hacer otra actividad que implicara estar conmigo misma, permití que invadieran mis límites en todo lo que quería hacer. Afortunadamente, ya todo eso me lo perdoné.

El perdón a uno mismo libera de quedar atrapado en situaciones pasadas, algo que le sucede a mucha gente. El objetivo es mantener la energía en movimiento durante el proceso de transformación.

En una oportunidad escuché la historia de una migrante colombiana que confesaba que no se reconocía a sí misma, porque tenía sentimientos encontrados. Aseguraba no saber quién era desde que llegó a los EE. UU., puesto que al llamar a Colombia para conversar con su familia, cada vez sentía más desapego. Ella quería compartir y contarles todo; por el contrario, ellos parecían estar en lo suyo. Lo más sorprendente es que esta persona ya tiene diez años viviendo en Miami y todavía siente el apego, como desde el primer día que llegó.

Cuando no sueltas las relaciones o las situaciones, pueden transcurrir muchos años y no avanzas. Es evidente que esta migrante siente un dolor y un sufrimiento profundos porque su familia no le habla como antes y no puede desprenderse de ese sentimiento. El seguir tu camino y soltar el apego no quiere decir que ya no los quieras, sino que cada quien toma su rumbo; en cada uno hay caminos y situaciones que transitar. Esto mismo puede suceder con otras situaciones. Quizás si yo hubiese seguido atada a la situación con el papá de mis hijos, no estuviera haciendo todo lo que estoy haciendo porque, al perdonar casos, se abre una puerta que te permite dejar atrás el pasado y avanzar.

Existen muchísimas personas que, aunque el tiempo transcurra, sus hijos crezcan y la vida continúe, no pueden ni encontrarse al padre o a la madre de sus hijos en una reunión familiar. Eso no es saludable para nadie.

Aún recuerdo que cuando decidí irme de la casa, me preguntaba: *¿Por qué no podíamos ser amigos o quedar de buenas?* Después de tantos años y cinco hijos, con momentos malos, pero también bellos, me resultaba incomprensible.

Después de la demanda de divorcio, siempre deseaba paz tras cada pelea. El universo me proporcionó herramientas para poder llamarlo sin interés, pedirle consejos sobre mi carro o discutir asuntos de nuestros hijos. Tener relaciones sanas es clave para avanzar en armonía y vivir la vida con ligereza.

Yo estaba completamente afectada desde el punto de vista psicológico. Tras el divorcio me enfrentaba a fuertes diálogos internos. Creo que eso les pasa a muchos divorciados en relaciones tóxicas. Te acostumbras a ese círculo vicioso y, aun cuando parezca contradictorio, me incomodaba tanta paz, tanta tranquilidad. Me cuestionaba volver con él y si las cosas realmente podrían cambiar. Automáticamente, mi conciencia me preguntaba: ¿cuántas veces lo intentaste? ¿Cuántos años pasaron? Realmente, ¿lo vas a hacer? ¡Él no va a cambiar! Y me di cuenta de que el cambio que deseaba ver afuera debía empezar por mí misma. —El cambio que queremos ver en el mundo empieza por nosotros mismos—.

Mi mente luchaba por romper creencias sobre el matrimonio y una falsa tranquilidad, intentando, a su vez, superar un círculo vicioso. Sustituir eso por algo mejor es el desafío que todos afrontamos.

Tengo rollos y rollos de mi antigua historia. Que si lo debí haber hecho así; que si esto hubiese sido mejor; que tal vez si no hubiera cometido este error... Pero ¿puedo *cambiar los hechos?* No, ya lo que pasó, pasó. Entonces, agarré todo este hilo de todos esos rollos de cantidad de situaciones que las hubiese hecho diferentes y decidí tejer con ellos. Empecé a crear mi nueva historia, a tejer un camino distinto en mi vida, lleno de luz, también de sombras, pero de numerosas ilusiones, de sueños.

Tengo una lista de lugares por conocer, de cosas que sentir, de vivencias que quiero experimentar, de conexiones en el camino que quiero transitar. Pude entender en este hermoso camino de vida que yo tenía el poder de transformarla de igual manera, no fue antes ni tenía que ser después; tenía que ser ahora, tenía que ser en este momento. Todo es perfecto tal cual es y en el momento que es.

Estoy infinitamente feliz de poder compartirles toda esta historia de poder, compartirles este amor por la vida, de esta mujer que se transformó, creció y creyó en ella.

«La verdadera sanación viene cuando te permites sentir todo lo que sientes y dejas de luchar contra ello. Entonces, comienzas a sanar».

ECKHART TOLLE

Herramientas

Herramientas para perdonar y perdonarte. Sé compasivo y cultiva relaciones sanas que expanden y elevan tu nivel de energía.

1. **Reflexiones personales**: dedica tiempo a reflexionar sobre el resentimiento o dolor que sientes. Identifica las emociones involucradas y la raíz del conflicto. Entender tu propio proceso te ayudará a encontrar el camino hacia el perdón.

2. **Diálogo interno**: habla contigo mismo sobre la situación. Expresa tus sentimientos y busca la perspectiva que te permita soltar el rencor. Utiliza afirmaciones como: «Estoy dispuesto a dejar ir esta carga por mi paz interior».

3. **Escritura terapéutica**: escribe una carta, aunque no la envíes, a la persona que te ha herido. Expresa tus sentimientos, lo que has aprendido y tu deseo de liberar el resentimiento. Este ejercicio puede ayudarte a procesar y soltar.

4. **Terapia o asesoramiento**: considera hablar con un terapeuta o consejero que pueda guiarte a través del proceso de perdón. Profesionales capacitados pueden ofrecerte herramientas y apoyo para sanar.

5. **Empatía**: intenta ponerte en el lugar del otro. Comprender sus motivaciones y circunstancias puede llevarte a ver la situación desde una perspectiva más compasiva y a suavizar el resentimiento.

6. **Gratitud**: enfócate en los aspectos positivos de la situación y en lo que has aprendido. Agradecer las lecciones que has obtenido puede conducirte a ver el perdón como una liberación, más que como una obligación.
7. **Afirmaciones de perdón**: usa afirmaciones diarias para fomentar una mentalidad de perdón, como: «Estoy dispuesto a soltar el resentimiento y abrazar la paz interior».
8. **Perdónate a ti mismo**: no solo enfócate en perdonar a otros, sino también en perdonarte a ti mismo por errores pasados. Aceptar que todos somos humanos y que cometemos errores es clave para la sanación.

El poder transformador del perdón

«Tu perdón es lo que conduce este mundo de tinieblas a la luz. Tu perdón es lo que te permite reconocer la luz en lo que ves. El perdón es la demostración de que eres luz en el mundo».

Fragmento extraído de *Un curso de milagros*, publicado por Kenneth Wapnick.

WORKBOOK

¡Ahora es tu turno! Te invitamos a completar el siguiente espacio para poner en práctica las herramientas que has aprendido en esta cápsula. En estas líneas podrás profundizar en los conceptos clave y aplicarlos a tu vida diaria, para, así, transformar el conocimiento en acción. ¡Es momento de dar el siguiente paso y ver los resultados!

NOTAS

NOTAS

Sexta cápsula

¿Cómo transformar tu vida con gratitud?

«El agradecimiento es el inicio de la abundancia. Nos recuerda que la verdadera riqueza reside en el reconocimiento de lo que ya tenemos».

DAVID STEINDL-RAST

Según mi psicólogo favorito, **Wayne Dyer**, «el agradecimiento es una actitud mental y emocional que consiste en centrarse en las cosas buenas de la vida y en sentirse agradecido por lo que se tiene». Cabe destacar que, psicológicamente, esta práctica puede ejercer un impacto positivo en nuestra salud física y mental, así como en las relaciones personales y profesionales.

La gratitud me ha mantenido presente, en el aquí y ahora, con todas las situaciones, con esas cosas inesperadas que suceden en la vida, las que te trastocan y por las que, por momentos, dudas si realmente debes estar agradecido.

¿Cómo podía estar agradecida por todo lo que sucedió en mi vida? Tantas situaciones me llevaron a sentir que no merecía muchas cosas y a pensar que lo que vivía no tenía sentido. Lo que me mantenía en pie era el amor por mis hijos, el amor por un núcleo familiar que no quería ver destruido. Entonces, ¿cómo podía encontrar agradecimiento en tantas situaciones de mi vida?

Una de esas experiencias fue viajar sola tanto en carro como fuera del país, algo que agradezco porque, al mudarme a Miami y enfrentar las grandes autopistas, no me sentí intimidada en ningún momento. La vida me estaba preparando para lo que venía.

Cómo pensar que comenzar a tejer desde niña y retomarlo el año de mi separación, más que servirme como proceso de sanación, se ha ido convirtiendo en sustento de vida y fortaleza para escribir este hermoso libro, a fin de contarles lo agradecida que estoy, el que lo tengas en tus manos y pueda aportar algo positivo a tu vida.

El divorcio me transformó como mujer, ser humano y madre, y me permitió convertirme en artista, autora y creadora de experiencias, algo que jamás habría logrado de seguir casada. Las diferentes situaciones que he vivido con mi hijo Jesús no son más que oportunidades para continuar mi proceso de sanación y llevarme a perdonar esas circunstancias. Estoy agradecida por el crecimiento que he experimentado, aunque en los momentos de dolor no siempre es evidente que estas situaciones vienen a mostrarme un milagro por el cual también debería sentir gratitud.

Así, un sinnúmero de casos en mi vida me han llevado adonde estoy hoy, y por todos ellos estoy agradecida.

Cuando me preguntan si cambiaría algo de mi historia, mi respuesta es un rotundo ¡NO! *Estoy infinitamente agradecida por absolutamente todo lo vivido*.

En mi caso, tuvo que pasar mucho tiempo para que realmente pudiera ver mi vida con gratitud. Al mirar hacia el pasado, comprendo que en ese momento no podía agradecer estar al lado de una persona como el papá de mis hijos, y eso me frustraba mucho. Tarde o temprano, uno se da cuenta de que lo que sucede es porque tiene que suceder.

Podemos atravesar el peor momento de nuestras vidas, sentirnos molestos, rabiosos o furiosos, pero cuando aprendemos a estar en ese *modo de agradecimiento*, ya no recriminamos la situación ni peleamos con ella. Obviamente, no siempre veremos las cosas de manera positiva; al contrario, a menudo pensamos que las situaciones son terribles. Hasta que te percatas de que, definitivamente, todo sucede por una razón, de que todo es perfecto tal como es y de que todo está ocurriendo porque somos guiados. Aunque cueste creerlo, el universo nos está cubriendo las espaldas constantemente.

Hablar permanentemente del agradecimiento nos lleva al momento presente, en el que no estamos enfocados en lo que nos falta, sino en todo lo maravilloso que tenemos, en todo lo que podemos ver, disfrutar, sentir, oler, palpar, transitar; estar sanos, etc. Esto, con un cuadro completamente a disposición para llevar la vida que tenemos con inteligencia, cualidades, atributos; tener alimentos, agua, techo, auto, y así, un sinfín de aspectos por los que estar agradecidos.

El agradecimiento va más allá del simple hecho de decir gracias. Practicar la gratitud diariamente puede desempeñar un impacto positivo en nuestra vida desde una perspectiva energética y emocional. Aquí hay algunas maneras en las que el agradecimiento puede influir en nuestra vida:

- Cuando expresamos gratitud por lo que somos y tenemos, generamos emociones positivas. Estas emociones pueden aumentar nuestra energía vital y bienestar emocional.
- La gratitud puede ayudarnos a mantener el estrés a raya, ya que nos centramos en lo que valoramos en lugar de preocuparnos por lo que nos falta.
- Expresar gratitud hacia los demás fortalece las relaciones interpersonales, lo que, a su vez, puede incrementar nuestra energía emocional al crear un ambiente de apoyo y positividad.
- Practicar la gratitud puede contribuir a que afrontemos los retos con una actitud más positiva y resiliente, y, así, contar con una mayor energía mental.
- Al reducir el estrés y fomentar emociones positivas, la gratitud puede desempeñar un impacto en la salud física, lo que, a su vez, incrementa la energía física.

Del mismo modo, tenemos maravillosos cambios en el ámbito energético. Desde una perspectiva energética, no científica, muchas personas creen que cuando comenzamos a practicar la gratitud, se produce un cambio positivo en nuestra energía personal o espiritual. Aquí hay algunas creencias y conceptos asociados:

- Al expresar gratitud, algunos sienten que están alineando sus energías con vibraciones más positivas, lo que puede atraer experiencias y personas igualmente positivas a sus vidas.
- Se cree que la gratitud puede aumentar nuestra energía vital o «chi» en algunas filosofías orientales. Esto se asocia con una sensación de bienestar y vitalidad.
- Practicar la gratitud puede favorecer el equilibrio de las emociones y liberar energía bloqueada, debido a emociones negativas como la ira, la envidia o el resentimiento.

Para mí, la gratitud es una forma de conectarme con una energía o fuerza superior. Esto me proporciona paz y plenitud.

Asimismo, la gratitud está directamente relacionada con el amor propio, del que tanto hablo porque el agradecimiento nos ayuda a centrarnos en los aspectos buenos de nuestras vidas, tanto grandes como pequeños. Un ejemplo: cuando empiezas a agradecer que tienes salud, que cada parte de tu cuerpo funciona, realmente es maravilloso. Yo lo hago a diario. Cuando salgo a caminar y a trotar comienzo a dar las gracias por las piernas que tengo, ellas me llevan y me traen, y puedo resistir, correr una milla, pues mi cuerpo está saludable.

A través de esa salud y de ese agradecimiento por este cuerpo, puedo amarme y puedo cuidarlo. Definitivamente, agradezco el cuerpo que Dios me dio, agradezco y cuido todos esos dones y virtudes que poseo. Agradezco por mis manos y por mi mente, que me ayudan a crear y que me envuelven en este insuperable estado de ánimo de agradecer y amarme.

Te invito a crear esta mágica y magnífica rutina en tu vida diaria. Tal vez te tome tiempo adoptarla, pero te aseguro que, cuando lo conviertas en un hábito, verás cambios sorprendentes en tu vida. Nos hemos acostumbrado a quejarnos cuando las cosas no fluyen o no salen como esperamos. Para mí, era habitual preguntarme constantemente: ¿por qué me pasa esto a mí?, y vivía sumergida en reproches. Tantos desafíos me hacían sentir muy mal.

Afortunadamente, fue a través de la escritura diaria que empecé a practicar la gratitud, así como la meditación. La escritura me abrió un camino de oportunidades. Al escribir, te encuentras en el aquí y el ahora, en cada cosa que haces. A menudo vivimos en automático y damos todo por sentado. Estar en el momento presente y agradecer con conciencia nos mantiene en una constante valoración. Este estado no solo es de alta vibración, sino que también nos aleja de la queja y de lo que nos falta, y nos lleva a estar en la presencia de lo que poseemos y de cuán bendecidos somos.

Además de la escritura, hace más de cuatro años empecé un diario de agradecimientos, el cual sigo comprando año tras año porque me encanta. Por medio de esta maravillosa práctica he aprendido mucho, y con el tiempo he notado sorprendentes cambios en mi vida. Es increíble pensar que una herramienta tan sencilla pueda ser tan poderosa y sanadora, y que muchos no lo perciban.

El agradecimiento nos conecta con una gran variedad de aspectos positivos en nuestras vidas y en nuestras relaciones. Ahora lo comparto en mis redes de forma rutinaria, aunque a veces me cuestiono si hacerlo. Siento que compartir las herramientas que me han sido útiles es importante y que tengo el medio no solo para compartir mi arte y lo que me apasiona, sino también las herramientas que han transformado mi vida.

De alguna manera, considero que esto se convierte en un agradecimiento colectivo y une las energías de todos los que lo leen para generar un impacto en nuestras vidas y en las de otros.

Quiero confesar algo: no siempre tengo ánimos para escribir, pero me propongo hacerlo, ya que es una promesa que me hice a mí misma. Pese a que no todos los días me sienta bien, siempre encuentro un motivo para estar agradecida. Esto me ayuda a que los momentos difíciles pasen más rápido y pueda transformarlos.

Admito que antes, en mis días grises, si me salía del camino, me escondía; no quería escribir ni ver a nadie, e incluso me tapaba con la cobija. En cambio, desde que comencé a enfrentar y transitar este reto, no he dejado ni un solo día de publicar, sin importar las circunstancias. Me lo he propuesto por mí, para mí y para todos aquellos que también necesitan sentirse agradecidos. Aun cuando muchos de los que me leen no lo escriben, al menos se detienen a leerme y agradecer conmigo.

El secreto radica en que siempre debes encontrar una razón para agradecer, así te sientas mal. Somos personas de hábitos, y esa constancia de hacerlo diariamente es lo que a mí me ha mantenido a flote.

El agradecimiento es tan importante que nos induce a otros valores como, por ejemplo, **la bondad**. Cuando nos sentimos agradecidos, también nos sentimos más conectados con los demás. Esto nos lleva a querer hacer el bien a otros, como una forma de devolverle el favor por todo lo que hemos recibido.

La bondad, en todo sentido, es la que hace que las miradas se crucen y que la otra persona, con tan solo una sonrisa, te pueda cambiar el día. Es como cuando estás en una cola de supermercado y el que está delante te cede el paso.

Una vez estaba en una fila esperando mi turno, tenía un Celsius en las manos y estaba feliz agradeciendo internamente, porque podía comprármelo. Suelo agradecer cada cosa que hago, cada cosa que compro. Así pues, se acercaba mi momento, la cajera estaba terminando de registrar la compra de una señora y accidentalmente registró mi bebida en esa cuenta. Le dije que eso era mío y no de la cliente que estaba atendiendo. Sorpresivamente, esa cliente, de forma bondadosa, se volteó y me dijo que no importaba, que me lo regalaba.

Me monté en el ascensor con los ojos llorosos mientras le daba gracias a Dios por ese gesto tan maravilloso. Puede parecer muy insignificante, pero así actúa la energía del agradecimiento con todas las situaciones de nuestra vida porque, cuando vives el agradecimiento, valoras cada detalle y hallas el milagro a todo momento.

En cambio, cuando estás dispersa, te quejas de todo, de los compañeros de trabajo o del tráfico, tu negatividad no te permite avanzar ni observar lo bueno del camino. En mi caso, aunque no me gusta el tráfico, lo aprovecho para meditar con los ojos abiertos y entonces me pregunto: ¿qué ha pasado hoy?, *¿o qué ha pasado esta semana?*, ¿de qué puedo estar feliz y agradecida?

En lugar de quejarme por el tráfico o el ruido, procuro mantener mi nivel de energía elevado para seguir atrayendo nuevas bendiciones a mi vida. Estamos aquí para ser felices, transitar y disfrutar del proceso. No siempre es fácil, y lo sé bien, pero si ponemos amor en cada cosa que hacemos, en cada paso que damos, podremos resolver, sanar, perdonar y agradecer.

Otro valor relacionado con el agradecimiento es **la compasión**, ya que la gratitud nos motiva a ayudar a los demás, nos hace sentir bien y conectarnos con ellos. La compasión es el amor más puro, aquel que ayuda sin interés y sin esperar nada a cambio.

Debo confesar que antes siempre daba esperando algo a cambio, una actitud que aprendí del padre de mis hijos. Hasta que un día dije: ¡ya basta!, ¡esta no es mi esencia! Yo doy porque amo hacerlo, porque lo disfruto, porque lo hago desde el alma. Entonces, ¿por qué debería esperar algo a cambio si esa no soy yo? Ahora todo lo que doy lo hago de verdad, lo doy con el corazón. La compasión es el gesto más bello que puedes vivir; es amar a una persona tal y como es.

La gratitud nos lleva, asimismo, a experimentar **la generosidad**. La gratitud nos motiva a ser generosos con nuestro tiempo, nuestro dinero y nuestros recursos hacia los demás. Ello se debe a que la generosidad es la valorización de las cosas, de lo que tienes y lo que cuesta conseguirlas. Aunque en nuestra próxima cápsula abordaremos ampliamente el tema de la abundancia, cuando no valoras lo que tienes, específicamente el dinero, así como entra, se va.

Valorar cada una de las cosas que tienes es saber que todo ha venido a ti para que lo aprecies, sin importar las circunstancias. No es un tema de dinero como tal, es apreciar y valorar lo que se tiene.

Personalmente, mientras más lo veo, más humilde quiero ser; mientras más lo veo, más desapercibida quiero pasar porque es más genuino ofrecer ese amor bonito que hablar a través del ego, a través de lo que puedes tener en lo monetario. Eso no es lo que te hace un ser humano.

Evidentemente, sin gratitud, no hay humildad, puesto que la gratitud nos induce a reconocer que no somos autosuficientes y que necesitamos la ayuda de los demás. Este valor, **la humildad**, nos recuerda que nuestros logros son compartidos. Yo tengo amigas que siempre han estado ahí para escucharme, orientarme y hasta para motivarme. ¡Es tan bello cuando recorres tu camino agradeciendo por todos los que te han ayudado a lograrlo!

Entonces, reconoces que tus éxitos son los éxitos de todos los que se hallan a tu alrededor, ya que diariamente aprendemos de nuestro entorno. Vamos de la mano; juntos vamos a llegar. En mi transitar me han apoyado muchas mujeres hermosas, por las que siempre estaré agradecida.

Asimismo, la gratitud nos impulsa a encarar los desafíos de la vida con optimismo y esperanza, lo que se traduce en **resiliencia**. ¿Por qué la gratitud es resiliencia? Porque, si te caes, sabes que lo volverás a intentar hasta que finalmente lo consigas. Las caídas son necesarias para levantarte con más fuerza. ¡Te lo digo por experiencia! Seguiré cayéndome, pero también seguiré levantándome cada vez más segura de que alcanzaré mi sueño.

Soñar es mágico. La gratitud y la visualización te conducen a ese estado que siempre está viendo todo el camino que quieres recorrer. Eso fue lo que me sucedió cuando comencé a tejer. Aunque tejía algo tan sencillo como un colgante de plantas, siempre visualizaba que algún día haría piezas grandes. Sabía que eso me llevaría a conectar con mucha gente. Finalmente, me doy cuenta de que todo estaba en mis sueños.

Ese estado te eleva tanto y te hace tan feliz que, de modo inconsciente, vas trabajando todos los días energéticamente en esa visualización y lo vas creando porque se te van presentando situaciones que las atraes, gracias a esos pensamientos que fluyen.

Esos sueños son los que nos ayudan a cambiar un pensamiento malo por días buenos. Mientras te dejas guiar por ese sueño que quieres alcanzar, te mantendrás feliz, sin olvidar que los momentos malos siempre existirán, además de que son necesarios. Ten presente que los momentos son momentos, simplemente no hay nada bueno ni malo. Las cosas simplemente son.

Yo suelo vivir en un estado de gratitud diaria, minuto a minuto. Al comer, realizo una meditación activa, masticando; voy dando gracias por las papilas gustativas, por la mandíbula, por los dientes, por absolutamente todo. Es muy hermoso, debido a que te percatas de cada uno de los órganos que te permiten vivir, y eres afortunado. Este gesto de conciencia te sensibiliza más, lo que me lleva a concluir que cada vez observo más y hablo menos.

Por eso, vive tu vida como el mejor regalo; que la gratitud sea la manera en que lo abres y lo disfrutas. Agradece ahora y en todo momento, no des nada por sentado. Practica una vida llena de agradecimiento y notarás que a cada momento el universo te dará mil razones más para continuar haciéndolo.

«El agradecimiento es la clave para recibir más en la vida. No es solo una reacción a lo que tenemos, sino una actitud de apertura hacia lo que está por venir».

ANÓNIMO

Herramientas

Estas herramientas serán de gran expiación para tu vida. El agradecimiento hacia ti mismo, hacia la vida y hacia los demás es el acto más poderoso que puedes practicar; es realmente transformador.

1. **Diario de gratitud**: dedica unos minutos cada día para escribir tres aspectos por los que estás agradecido. Esto puede ayudarte a enfocarte en lo positivo y a reconocer las pequeñas alegrías en tu vida.

2. **Carta de agradecimiento**: escribe una carta a alguien que haya tenido un impacto positivo en tu vida. Aunque no se la envíes, el acto de escribirla te ayudará a reflexionar sobre lo que aprecias de esa persona.

3. **Recordatorios de gratitud**: coloca notas de agradecimiento en lugares visibles, como en tu espejo o en tu escritorio. Estos recordatorios harán que mantengas una actitud positiva y agradecida.

4. **Visualizaciones de gratitud**: cierra los ojos y visualiza momentos o personas por los que sientes agradecimiento. Siente cómo esa gratitud se expande en tu interior.

5. **Reconocimiento diario**: al final del día, tómate un momento para reconocer y agradecer todo lo bueno que ocurrió durante el día. Esto puede ser tan simple como una conversación agradable o una tarea completada.

6. **Actividades de servicio**: participa en actividades de voluntariado o servicio comunitario. Ayudar a otros puede aumentar tu aprecio por lo que tienes, y te conecta con los demás.

7. **Reflexión nocturna**: antes de dormir, tómate un momento para reflexionar sobre tu día y encuentra, al menos, una cosa por la que puedas sentirte agradecido.

8. **Celebraciones de agradecimiento**: celebra eventos y logros con un enfoque en el agradecimiento, y reconociendo y agradeciendo el esfuerzo y el apoyo recibidos.

La gratitud es la clave para la paz interior y el amor puro

«La gratitud es la forma más pura de amor. La gratitud es la respuesta natural al reconocimiento de la bondad y la generosidad del Espíritu, y es la clave para la paz interior y el entendimiento».

Fragmento extraído de *Un curso de milagros*, publicado por Kenneth Wapnick.

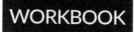

WORKBOOK

¡Ahora es tu turno! Te invitamos a completar el siguiente espacio para poner en práctica las herramientas que has aprendido en esta cápsula. En estas líneas podrás profundizar en los conceptos clave y aplicarlos a tu vida diaria, para, así, transformar el conocimiento en acción. ¡Es momento de dar el siguiente paso y ver los resultados!

NOTAS

«Cuando cambiamos la forma en que vemos las cosas, las cosas que vemos cambian».

WAYNE DYER

En nuestro viaje a través de la vida buscamos a menudo la riqueza material como un indicador de éxito y felicidad. Sin embargo, la verdadera abundancia no se refiere solo a esa riqueza material, sino también a una forma de pensar y experimentar la vida en la que se reconoce que la verdadera abundancia proviene de la paz interior, la gratitud y el amor porque la abundancia se encuentra entrelazada con la conexión espiritual, el amor propio y la generosidad hacia los demás.

El **amor propio** es importante en esta ecuación, ya que fortalece la confianza en nuestras habilidades. Esto se traduce en éxito en todas las áreas de la vida. El amor propio implica aceptarse y valorarse a uno mismo.

El amor propio nos lleva a establecer relaciones saludables y enriquecedoras. Cuando te amas a ti mismo eres más propenso a atraer personas que comparten tu misma energía positiva, lo que contribuye a tu bienestar emocional y a una sensación de abundancia en amor y apoyo. Además, el amor propio no se trata solo de enfocarse en uno mismo, sino también de ser generoso con los demás.

A través de esa **generosidad**, podemos dar y recibir amor, apoyo y recursos, enriqueciendo, a la vez, nuestras vidas y las de quienes nos rodean. Incluso, al cultivar una actitud positiva hacia nosotros mismos, atraemos situaciones y oportunidades beneficiosas que generan una sensación de abundancia día a día.

Personalmente, cuando comencé a experimentar el verdadero significado de la abundancia desde el amor, mi vida se transformó de manera significativa. No solo convertí mi pasión en una herramienta de sanación y conexión, sino que también se convirtió en mi fuente de ingreso y sustento.

Poder entender eso era algo que debía trabajar; también perdonar, valorar y ser cada vez más consciente de cómo funciona esta energía, y que aún sigo trabajando, aprendiendo a transitar y transformar, y derrumbando las creencias que me han limitado por años.

Además de abundancia y amor propio, hay que resaltar la importancia de la **transformación personal** que implica la liberación del resentimiento y el perdón. Esto nos conduce a una mayor paz interior, dado que la autorreflexión y la superación de creencias limitantes son pasos claves hacia una vida más plena y significativa.

Entre los **beneficios de la abundancia** se encuentra una transformación tanto física como mental. Esta metamorfosis únicamente se materializa a medida que te esfuerces por convertirte en una versión mejorada de ti mismo, lo que gradualmente despertará tu presencia y conciencia.

Como ya lo hemos comentado anteriormente, el amor propio nos permite reconocer nuestra valía. No es fácil, pero para poder **cultivar el amor propio y atraer la abundancia** debes aceptarte con tus virtudes y defectos. No te critiques ni te juzgues en exceso. Aprende a aceptar tus logros y cualidades, y celebrar tus éxitos, por pequeños que sean. Estos pueden aumentar tu autoestima.

Los límites son indispensables: aprender a decir «no» cuando sea necesario para cuidar tu integridad y bienestar emocional, mientras evitas el agotamiento. También agradece por lo que tienes en la vida. Esto es esencial para fomentar la abundancia.

A su vez, hay que imaginar y visualizar los objetivos y sueños, y creer firmemente en la posibilidad de lograrlos.

Mantener un estilo de vida saludable, hacer ejercicio y practicar la meditación puede fortalecer tu amor propio. No dejes de relacionarte con gente que te apoye y te impulse a creer en ti mismo; sin embargo, evita a aquellos que socavan tu confianza.

Trabaja en la autorreflexión, sé justo y comprende tus creencias limitantes. Busca la manera de superarlas, no de criticarlas. Trátate con la misma amabilidad y compasión con la que tratarías a un amigo en momentos difíciles. Y, sobre todo, perdónate a ti mismo y perdona a otros para liberar resentimientos y sanar heridas emocionales.

En definitiva, el amor propio nos hará más abiertos a recibir y a aprovechar las oportunidades que se presentan, brindándonos fortaleza y la madurez necesaria para superar obstáculos y atraer, de este modo, la abundancia en todas las áreas de la vida.

Sin embargo, hay quienes tampoco logran la abundancia porque **no se sienten merecedores de este privilegio**, lo que nuevamente nos lleva a la falta de amor propio porque, cuando tienes amor propio y disfrutas de una autoestima saludable, reconoces y valoras tus cualidades. Ello te hace sentir más digno de lo bueno que llega a tu vida.

Igualmente, el amor propio te ayuda a identificar y superar las creencias negativas sobre ti mismo, que pueden sabotear tus oportunidades de abundancia. Si creemos que no somos lo suficientemente buenos, es menos probable que nos atrevamos a intentar cosas nuevas o que persigamos nuestros sueños. Lastimosamente, estas creencias pueden ser el resultado de experiencias negativas de nuestra infancia, de comentarios negativos de los demás o de nuestras propias críticas.

La gente con amor propio evita situaciones que los hagan sentir menos merecedores o que puedan llevar a la explotación. Esto ocurre porque se respetan a sí mismos y saben que merecen ser tratados con dignidad. Un ejemplo: alguien con un fuerte sentido de amor propio no aceptará un trabajo que no compense adecuadamente su valor o que impida un equilibrio saludable entre su vida personal y profesional. De igual modo, evitará relaciones tóxicas en las que se sienta constantemente menospreciado o maltratado. En esencia, evitan aquellas circunstancias que podrían dañar su autoestima o bienestar.

Esto no solo es un asunto de confianza, sino que el amor propio te ayuda a tomar decisiones más audaces, aprovechando las oportunidades apropiadamente porque crees que eres merecedor de la abundancia, y estás dispuesto a recibirla.

En efecto, implica una ardua labor constante. Por ello, lo repito: mantenerte presente, escribir, meditar, crear son herramientas que, de tenerlas como hábitos, nos llevan a cambios sorprendentes en nuestras vidas.

Sin embargo, sin importar el rumbo que tomes, siempre encontrarás diferentes obstáculos que pueden impedir atraer la abundancia. Algunos aseguran que el miedo al fracaso es el principal responsable, además del autosabotaje y la falta de acción. Sí, otra vez: está directamente relacionado con el amor propio.

Entonces, *¿el amor propio puede ayudar a las personas a superar los obstáculos que les impiden atraer la abundancia?* La respuesta es sí.

El amor propio es tan poderoso que te brinda una mayor capacidad para manejar el estrés y las dificultades. Te ayuda a ser resistente emocionalmente y te permite asumir obstáculos con una mentalidad más positiva y perseverante.

Cuando tienes amor propio tiendes a ser más persistente en la búsqueda de tus objetivos, lo que hace que los obstáculos se conviertan en retos. Si lo ves como un desafío, te impulsa a superarlos en lugar de victimizarte o darte por vencido.

Si buscas un buen consejo para tomar decisiones más efectivas y poder superar obstáculos avanzando hacia la abundancia, te invito a que confíes en tu intuición y en tu determinación; definitivamente, es infalible. No olvides que es válido buscar ayuda cada vez que lo consideres necesario. El apoyo puede ser fundamental.

El amor propio funciona como un motor interno que te proporciona la fortaleza y la claridad necesarias para superar los obstáculos en el camino hacia la abundancia. Además, te capacita para encarar retos con resiliencia y confianza, lo cual es fundamental para alcanzar una verdadera abundancia.

Muchos sueñan con una vida más plena, satisfactoria y repleta de abundancia, pero suelen excusarse a sí mismos sobre el porqué aún no lo han logrado. Algunas excusas frecuentes son las siguientes: cuando consiga un compañero de vida, cuando me case, cuando tenga hijos, cuando mis hijos se gradúen, cuando mis hijos se casen... Y, así, pasan toda la vida esperando esa plenitud sin comprender que la vida es ahora y que no depende de nadie más, solo de ti.

Te invito a que comiences desde el interior; no busques afuera lo que debes encontrar adentro. Abraza tu individualidad, practica el autocuidado y maneja el estrés de manera efectiva. Aprende a decir «no» cuando sea necesario para proteger tu tiempo y energía. El amor propio es una herramienta esencial para **construir una vida más satisfactoria y plena.**

Trabaja en ti, cultiva una mentalidad positiva. Enfócate en lo que puedes controlar y busca soluciones en lugar de lamentarte por los problemas. Recuerda siempre que el perdón libera cargas emocionales y te permite avanzar. Define metas y sueños que sean significativos para ti. Trabaja en su consecución de manera constante, lo que puede brindarte un sentido de propósito y satisfacción. Identifica tus valores personales y asegúrate de vivir de acuerdo con ellos.

La coherencia con tus valores te brindará una sensación de autenticidad y plenitud. Reconoce y aprecia las cosas buenas en tu vida. La gratitud fomenta una sensación de satisfacción y plenitud. Cuando sientes amor propio, estás en una posición mucho mejor para experimentar la felicidad y la realización en todas las áreas de tu vida; puedes transitar con satisfacción y plenitud.

De igual forma, cuando disfrutamos de una vida plena, sentimos que estamos viviendo para algo más grande que nosotros mismos. Vivimos un sentido de propósito que nos impulsa a seguir adelante. Aunque no hay una receta única para alcanzar esta plenitud, ya que lo que constituye una vida satisfactoria puede variar de una persona a otra, hay varias medidas que todos podemos tomar para aumentar nuestra posibilidad de lograrla.

Ten siempre presente que el perdón, los límites, la valoración de nosotros mismos y la aceptación son claves para el equilibrio en nuestras vidas. En definitiva, es la combinación de estos valores, junto a un amor infinito por nosotros mismos, la que nos impulsa hacia delante y nos mantiene fuertes frente a los retos. Aunque tambaleemos, lo haremos menos que antes, dado que nuestra mente se fortalece con la práctica. Este es un proceso lento, pero al educar nuestra mente y detectar los sabotajes del ego, avanzamos continuamente.

Es como ir montados en un vagón que nos sube y nos baja sin poder controlarlo, para finalmente cumplir nuestro propósito y misión. Por eso, te recomiendo hacerlo lo mejor que puedas, amemos más, abracemos más, digamos y entreguemos en vida lo mejor, mantengamos la unión, somos hijos de Dios, somos hermanos.

El camino hacia la trascendencia y la realización personal es un proceso permanente de aprendizaje y crecimiento. Cada día nos brinda una oportunidad para fortalecer nuestra mente y corazón, y para vivir de acuerdo con nuestros valores y propósitos.

En la intrincada trama de la vida, cada hilo representa una oportunidad, un reto y una experiencia que nos transforma y nos enseña. Así como un hábil tejedor selecciona cuidadosamente cada hilo para crear una obra maestra, nosotros también tenemos el poder de elegir cómo tejemos nuestra propia existencia.

En este viaje, la abundancia y la prosperidad se entrelazan de modo fundamental al reconocer que somos los tejedores de nuestra propia realidad y que podemos cultivar la abundancia hilando cada día con intención, gratitud y acciones positivas. Gracias por acompañarme en este recorrido. Deseo que te brinde las mejores herramientas para una vida plena y llena de felicidad.

«La verdadera abundancia no depende de cuánto tengamos, sino de cuánto apreciamos lo que tenemos».

WILLIAM S. BURROUGHS

Herramientas

En estas herramientas, te invito a explorar la abundancia desde una perspectiva más profunda. La abundancia no se mide únicamente en tu cuenta de banco; cuando creas una mentalidad de abundancia en tu mente, esta se manifestará en todas las áreas de tu vida. Deshazte de las creencias limitantes y fortalece tu mente para permitir que la abundancia fluya hacia ti en diversas formas.

1. **Diario de abundancia**: escribe diariamente sobre aquello por lo que te sientes abundante. Anota tus logros, bendiciones y momentos de gratitud. Esto ayuda a cambiar tu enfoque hacia lo positivo y lo abundante en tu vida.

2. **Afirmaciones positivas**: incorpora afirmaciones diarias que fortalezcan tu mentalidad de abundancia. Por ejemplo: «Estoy abierto a recibir todas las bendiciones que el universo tiene para mí» o «La abundancia fluye libremente en mi vida».

3. **Meditación sobre la abundancia**: dedica tiempo a meditar sobre la abundancia. Visualiza el flujo constante de prosperidad y bendiciones en tu vida. La meditación puede ayudarte a conectar con una sensación profunda de abundancia interna.

4. **Visualizaciones**: imagina situaciones en las que experimentas abundancia en todas las áreas de tu vida. Visualiza el éxito, la prosperidad y la satisfacción en tus metas y aspiraciones.

5. **Compartir**: actúa con generosidad. Comparte tu tiempo, recursos y amor con los demás. La práctica del compartir refuerza la mentalidad de abundancia al reconocer que hay suficiente para todos.
6. **Lectura y aprendizaje**: lee libros y artículos sobre abundancia, prosperidad y mentalidad positiva. El conocimiento puede inspirar y fortalecer tu creencia en la abundancia.
7. **Agradecimiento diario**: practica la gratitud a diario. Reconocer y agradecer las bendiciones en tu vida te ayuda a enfocarte en lo que tienes en lugar de en lo que te falta.
8. **Establecimiento de metas positivas**: define metas claras y positivas que reflejen tu deseo de abundancia. Trabajar hacia estas metas contribuye a que alinees tus acciones con tus pensamientos de abundancia.

La escritura es una herramienta poderosa para la autoexploración, reflexión y procesamiento, esenciales en cualquier proceso de transformación personal. Facilita la claridad y el entendimiento, lo que fomenta la integración de nuestras experiencias e incentiva el crecimiento y el cambio positivo. Al incorporar la escritura en estos procesos, podemos encarar nuestros desafíos y metas con mayor conciencia y efectividad.

He querido incluir la escritura en casi todas las herramientas de estas cápsulas porque ha sido una compañera fiel en mis procesos de cambio y transformación. A través de la escritura, he encontrado la voz de mi alma, dado sentido a mis experiencias y tejido la narrativa de mi vida con hilos de amor, esperanza y resiliencia. Mi deseo es que, al adoptar este hábito, también descubras la fuerza, claridad y propósito en tu propio viaje de crecimiento y evolución. Que cada palabra escrita sea un paso hacia tu verdadera esencia y que cada página refleje tu poder interior y tu capacidad para transformar tu vida desde este momento.

La abundancia como expresión natural del amor

La abundancia no es solo la falta de carencia; es la expresión natural del amor y la voluntad de compartir. Cuando permitimos que el amor fluya a través de nosotros, descubrimos que la abundancia es una consecuencia natural de nuestro ser.

Fragmento extraído de *Un curso de milagros*, publicado por Kenneth Wapnick.

WORKBOOK

¡Ahora es tu turno! Te invitamos a completar el siguiente espacio para poner en práctica las herramientas que has aprendido en esta cápsula. En estas líneas, podrás profundizar en los conceptos clave y aplicarlos a tu vida diaria, para, así, transformar el conocimiento en acción. ¡Es momento de dar el siguiente paso y ver los resultados!

NOTAS

NOTAS

NOTAS

Made in the USA
Columbia, SC
10 April 2025